最新 ゼロからわかる！

FX
チャートの
基本 と 儲け方

売買シグナル早見表 付き

JN090896

西東社

混迷の相場を切り抜けるために

　相場で成功する確率はあまり高くありません。その原因は、相場の動きが酔っぱらいの足取りのように無秩序だからです。経済学者バートン・マルキールは『ウォール街のランダム・ウォーカー』で、「相場の動きは無秩序である」ということを説明し、投資の結果はサルがやっても人間がやってもたいして変わらないと言っています。相場参加者にとっては耐え難い意見ですが、相場で大方の人が負ける理由となっているのは事実です。

　では、相場の世界で生き残るには、何が必要なのでしょうか？　相場で勝つには「無秩序な相場」の中から「無秩序でない部分」を取り出して取引しなければなりません。長期に相場の世界で生き残っている"負けないトレーダー"には、共通した特徴があります。それは、「勝つ確率の高い局面だけ取引を行う」ということです。

　相場の世界は、実際のところ少数の人にしか利益を与えていません。稼いでいるのは、相場のトレンド（方向性）を認識できる者だけです。つまり、相場のトレンド（方向性）の有無を認識しないと、相場の世界では勝てないということです。

　「相場をどう認識するか？」という手段の一つとして、現在ではテクニカル分析の手法を理解することが不可欠です。本書は、このテクニカル分析の基礎となるチャートの読み方を、できる限りやさしく教える本となっています。

　私は30年近く相場の世界に身を置いていますが、システマティックなアプローチと損切りを使わないと、相場で長期的に利益を上げることは難しいというのが実感です。相場とは確率に賭けるゲームであり、その確率の優劣で運用成績が決まります。

　あなたにとって、本書が混迷の相場を切り抜けるためのヒントになることを信じています。

ファンドマネジャー

石原　順

最新 ゼロからわかる! FXチャートの基本と儲け方 売買シグナル早見表付き

CONTENTS

目 次

chapter 0
FXトレードの基礎知識

ローソク足の読み方を マスターする

`chapter 2`

トレンドラインで相場の動向をつかむ

`chapter 3`

自分の投資スタイルを決める

chapter 4
トレンド系指標 （順張り）を活用する

chapter 5

オシレーター系指標
（逆張り）を活用する

chapter 6
実践！
勝てるチャートの読み方

CONTENTS

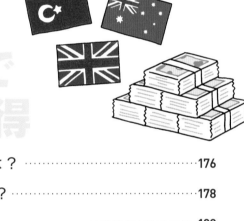

chapter 7
チャート分析で
勝つための心得

本書の使い方

本書は、これからFXを始める人のために、テクニカル分析の基礎となる「チャートの読み方」をわかりやすく解説しています。

❶ 知りたいテーマが見つかる！
このページでなにを知ることができるか、見出しを見ればひと目でわかります。

❷ 知りたいポイントがひと目でわかる！
「ずばりポイント」を読むだけで、知りたかったことの回答が得られます。

❸ 実際のチャートを使って具体的に解説！
チャート分析で重要となるさまざまなサインを、実際のチャート上に見やすく示しています。

❹ 知りたい内容をていねいに解説！
左ページで図解して説明したことを、文章でていねいに解説します。

❺ 「儲けのツボ！」を伝授！
知っていると得すること間違いなしのプラスα情報を紹介していきます。

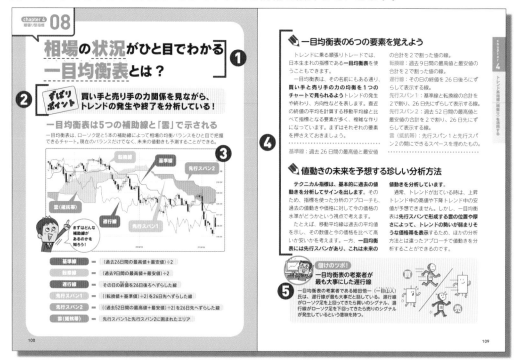

ひと目でわかる 売買シグナル早見表

取引をしながら、売買シグナルを一覧で見られる折込付き。ローソク足の組み合わせによる買いどき、売りどきや、各種指標ごとのシグナルを、パッと見ることができます。

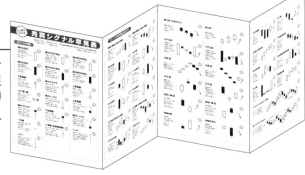

chapter 0

FXトレードの
基礎知識

トレードの流れ、
利益が生まれる
しくみをしっかり
理解しておこう！

これから始める人にもよくわかる
FXのしくみ

🗄 2つの国の通貨を売買することで利益を得る

各国の通貨は、その時々の経済状況などに応じて活発に取引され、取引価格が変動しています。ＦＸのしくみは、この価格の変動を狙い、**上がる方を買う**、または**下がる方を売る**というものです。株

取引や外貨預金の場合は買いの取引しかできませんが、ＦＸは、**外貨を買うだけでなく、売る取引もできる**ことが特徴です。つまり、**円安、円高、どちらのときも利益を上げるチャンスがある**のです。

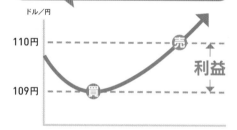

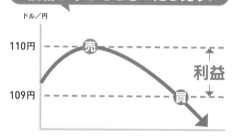

🗄 安く買って高く売るか、高く売って安く買い戻す

ＦＸで通貨を売買することを「**ポジションを持つ**」といいます。ポジションは、買っている通貨や売っている通貨を指す専門用語で、買っている通貨は**買いポジション**や**ロングポジション**、売っている通貨は**売りポジション**や**ショートポジション**といいます。

ロングポジションは、安く買って高く売ることによって利益を生みます。これは株や不動産の売買と同じしくみで、安く買うこと、上昇時に買うこと、高いと

きに売ることなどが利益獲得のポイントになります。

ショートポジションは、高く売って安く買い戻すことで利益を生みます。通貨を借りてきて市場で売り、後で買い戻して貸主に返す、と考えるとわかりやすいでしょう。この場合、借りた（売った）ときと返す（買い戻す）ときの価格差が利益になるので、高く売ること、下落時に売ること、安いときに買い戻すことが利益獲得のポイントになります。

💴 どんな通貨が取引できる？

FXで取引可能な通貨は、取引業者によって差がありますが、だいたい10種類前後です。円と外貨の取引だけでなく、外貨と外貨をペアとする取引もできるため、**取引可能な組み合わせの数は20〜30種類**にもなります。

通貨ペアの例

🇺🇸 ● 米ドル／円	🇪🇺 ● ユーロ／円	🇬🇧 ● ポンド／円	🇦🇺 ● 豪ドル／円
🇳🇿 ● NZドル／円	🇿🇦 ● ランド／円	🇨🇦 ● カナダ／円	🇨🇭 ● スイス／円
🇭🇰 ● 香港ドル／円	🇸🇬 ● SGドル／円	🇳🇴 ● Nクローネ／円	🇹🇷 ● トルコリラ／円
🇨🇳 ● 人民元／円	🇲🇽 ● メキシコペソ／円	🇪🇺🇺🇸 ユーロ／米ドル	🇬🇧🇺🇸 ポンド／米ドル
🇦🇺🇺🇸 豪ドル／米ドル	🇳🇿🇺🇸 NZドル／米ドル	🇺🇸🇨🇭 米ドル／スイス	🇬🇧🇨🇭 ポンド／スイス
🇪🇺🇬🇧 ユーロ／ポンド	🇪🇺🇨🇭 ユーロ／スイス	🇦🇺🇳🇿 豪ドル／NZドル	🇺🇸🇨🇦 米ドル／カナダドル

💴 買値と売値に開きがある点に注意

FXの売買は、**買うときと売るときのレートが異なります**。米ドルと円の取引を例にすると、買うときの価格が1ドル110.135円で、売るときの値段は110.130円といったように、買値より売値の方が低く設定されています。この差を**スプレッド**といい、差額分は取引手数料として取引業者の収益になります。

スプレッドの大きさは、取引業者や取引する通貨のペアによって**違います**。仮にスプレッドが0.5銭（売値の方が0.5銭安い）だったとすると、買った通貨が0.5銭以上値上がりしないとプラスになりません。スプレッド0.3銭なら、0.3銭以上の値上がりでプラスになります。**スプレッドがせまいほど利益が出やすくなる**ため、取引業者を選ぶ際にはスプレッドを比較してみることが大事です。

売りと買いではレートが違う！

🇺🇸 → ● 米ドルを売る
売値（BID） 110.130

● → 🇺🇸 米ドルを買う
買値（ASK） 110.135

売値と買値の価格差（0.5銭）＝スプレッド

少ない資金で大きく売買できる

ＦＸの取引を行う際は、まず取引業者に「証拠金」と呼ばれる資金を預けます。ＦＸは、この**証拠金の何倍もの金額を取引できる**のが特徴です。このしくみを**レバレッジ**といいます。国内の取引業者の場合、レバレッジの上限は 25 倍です。つまり、4 万円の資金で最大 100 万円分の通貨を取引することができます。**少ない資金で大きなリターンを狙う**ことができ、手持ちの資金の運用効率を高められるのがＦＸの大きな魅力です。

レバレッジの効果

25倍

取引額
100万円

証拠金
4万円

レバレッジで利益も損失も大きく膨らむ

ただし、大きなリターンを狙える反面、**損失が発生したときの損額も大きくなります**。たとえば、1 ドル 100 円のときに米ドルを 10 万円分買った場合、レバレッジをかけない取引であれば、1 円下がっても 1,000 円の損失で収まります。

しかし、レバレッジ 25 倍で 250 万円分買うと、1 円の下落で 2 万 5,000 円の損失が発生します。

取引額にレバレッジをかけることにより、**利益と損失にもレバレッジがかかる**点に注意しましょう。

1ドル＝100円のときに証拠金10万円（1,000ドル）投資する

● 1ドル101円になった場合

レバレッジ	1倍	10倍	25倍
投資額	1,000ドル	10,000ドル	250,000ドル
価格変動	100,000円→101,000円	1,000,000円→1,010,000円	2,500,000円→2,525,000円
利益	**＋1,000円**	**＋10,000円**	**＋25,000円**

● 1ドル99円になった場合

レバレッジ	1倍	10倍	25倍
投資額	1,000ドル	10,000ドル	250,000ドル
価格変動	100,000円→99,000円	1,000,000円→990,000円	2,500,000円→2,475,000円
利益	**－1,000円**	**－10,000円**	**－25,000円**

損失にも
レバレッジが
かかるんだ！

金利差でスワップポイントが発生

通貨にはそれぞれ発行国があり、発行国ごとに金利が異なります。外貨預金は、より金利の高い外国の通貨で預金することでインカムゲイン（利息）を狙うものですが、ＦＸでは、**低金利の通貨を売って高金利の通貨を買うことで、その金利差（スワップポイント）を受け取る**ことができます。ただ、**高金利の通貨を売って、低金利の通貨を買ったときは、逆に金利差分を支払わなければなりません。**

高金利の通貨を買っている（買いポジションを持っている）場合、毎日スワップポイントが支払われます。逆に高金利の通貨を売っている（売りポジションを持っている）場合は、毎日スワップポイントを徴収されることになります。なお、当日中に売買が完結する取引では、スワップポイントは発生しません。

取引業者のホームページでスワップポイントを確認

通貨ペア	スワップポイント（1万通貨あたり）	
	売り	**買い**
米ドル／円	**48**	**-78**
ポンド／円	**20**	**-43**
豪ドル／円	**14**	**-29**
トルコリラ／円	**45**	**-95**

低金利通貨
円　ユーロ　スイスフラン など

高金利通貨
米ドル　トルコリラ　南アランド など

※スワップポイントの額は取引業者により異なる。

手数料が安く24時間いつでも取引が可能

ＦＸ市場は、週末などを除いて**24時間動いています。**そのため、経済状況が変わったときなどにすぐに取引できます。

日中仕事をしている会社員の人なども、**早朝や夜間に取引できる**ため、市場に参加しやすいことも、ＦＸのメリットです。

世界各国の取引時間の例

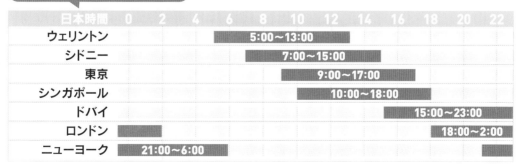

日本時間	0	2	4	6	8	10	12	14	16	18	20	22
ウェリントン				5:00〜13:00								
シドニー				7:00〜15:00								
東京					9:00〜17:00							
シンガポール						10:00〜18:00						
ドバイ									15:00〜23:00			
ロンドン										18:00〜2:00		
ニューヨーク	21:00〜6:00											

取引開始までの流れをチェック

取引の始め方

まずは
取引業者の
ホームページへ
GO！

インターネットで簡単に口座が作れる

ＦＸ取引を始めるためには、**取引業者に口座を開設する**必要があります。口座開設はインターネットで取引業者のホームページから申し込みをします。取引業者の審査にパスし、指定された口座に証拠金を振り込めば、取引を開始できます。

口座開設までの流れ

① 取引業者を選ぶ

まずは口座を開設する取引業者を選びます。取引可能な通貨の種類やスプレッドなどを比べて、使いやすそうな業者を選びましょう。

② 注意事項を確認する

口座開設する取引業者のホームページを開き、取引に関する注意事項などを確認します。

③ 申し込みページで必要事項を入力

取引業者のホームページ内で申し込みページに進みます。氏名、生年月日、住所などの個人情報、取引で使用する銀行などの口座の情報、取引の目的や投資経験などに関する情報を入力し、送信します。

④ 本人確認書類とマイナンバーを提出

口座開設には本人確認できる書類（免許証など）とマイナンバーが必要です。取引業者のホームページ内でマイナンバーカードと免許証などの写真をアップロードします（郵送で送ることもできます）。

⑤ ログインIDとパスワードを取得

必要書類を送信したら、取引業者にて審査を行います。問題がなければ口座開設となり、登録した住所にログインするためのIDとパスワードが書かれた書類が郵送されます。

⑥ 入金、取引開始

送られてきたログインIDとパスワードを使い、取引業者のホームページからログインします。入金のページから取引資金をFX口座に移せば準備完了です。

お得なキャンペーンを利用しよう

取引業者によっては、口座開設のキャンペーンを行っている場合も多い。キャッシュバック特典などお得なキャンペーンもあるので、開設時にチェックしてみよう。

便利な取引システムを活用しよう

　ＦＸ取引の注文は、**買う（ロング）と売る（ショート）の２種類**です。ただし、**注文方法は複数**あります。それぞれの特徴を覚えて、自分の投資スタイルに合った取引方法を見つければ、限られた時間のなかでも安心して取引できます。

いろいろな注文方法

成行注文

注文を出した（取引業者に注文が届いた）時点での価格で売買が成立する注文方法。注文を出した価格と成立した価格が微妙にズレることもあるので注意。

指値注文

売買価格を指定する注文方法。自分が買いたい・売りたい価格に到達したときに売買が成立する。到達しなければ売買は不成立となる。

逆指値注文

指値注文と同じ方法だが、指値が「下がったら買う」「上がったら売る」のに対し、逆指値は「上がったら買う」「下がったら売る」。ストップ注文とも呼ばれる。

IFD注文

新規の指値（または逆指値）注文と決済の指値（または逆指値）注文をセットにしたもの。新規の注文が成立すると２つ目の注文が有効となる。

OCO注文

指値と逆指値をセットにした注文方法。２つの注文を出して、どちらかの注文が成立するともう１つの注文はキャンセルされる。

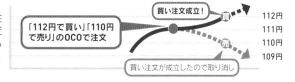

IFO注文

IFDとOCOを組み合わせた注文方法。新規の指値（または逆指値）注文が成立すると、決済注文として指値と逆指値の注文が有効になる。

売買タイミングをはかるのに欠かせない

テクニカル分析って なに？

📚 値動きを読み解く2つのアプローチ

為替の値動きを読み解くアプローチは大きく2つに分けられます。1つは、各国の景気や政策など経済に影響する要因を分析して為替の動向を探る**ファンダメンタルズ分析**。もう1つはチャートと呼ばれる値動きを表すグラフを使い、為替がこれからどう動くのかを判断する**テクニカル分析**です。ファンダメンタルズ分析はおもに為替の**長期的な動きを探る**のに有効で、テクニカル分析は**短期の動きを探る**のに有効な分析方法です。通貨を取り巻く世界規模の経済要因をすべてチェックするのは難しいので、おもな経済指標のみを確認し、そのあとはテクニカル分析で取引するスタイルが、ＦＸには向いているといえます。

ファンダメンタルズ分析

経済成長率、経常収支、貿易収支などの経済的な要因から今後の値動きを予測する。

- 長期的な動きを予測。
- 為替相場の大きな転換点を把握する。

テクニカル分析

為替レートの過去の値動きから今後の値動きを予測する。チャート分析とも呼ばれる。

- 短期的な動きを確認。
- 市場の心理を読み取り、目先の値動きを把握する。

テクニカル分析はチャートが主役

テクニカル分析は、**チャート**を使ってあらゆる予測を行うため、チャート分析とも呼ばれます。

チャートが発信する情報はシンプルで、過去と今の価格です。また、分析する値動きも、「**上昇**」「**下落**」「**変わらず**」の3パターンのみです。

ＦＸトレードで勝てるかどうかは、「上昇」「下落」「変わらず」の中にある答えを見つけられるかどうかにかかっています。正答率と、正しい答えを見つける精度を高めるために、**チャートをさまざまな角度から検証する**のがテクニカル分析の基本です。

チャートは市場の心理を表す

チャートから読み取れる情報はいくつもありますが、最も重要なのは「**価格**」です。なぜなら、価格を決めるのは相場参加者であり、**市場参加者たちが「買う」「売る」と決めた結果**が価格だからです。**チャートが示す価格が市場参加者の心理**であり、**チャートに現れる値動きが市場参加者の心理の変化**を表しているのです。

そのため「なぜこの価格なのか」「どうして上がった（または下がった、変わらなかった）のか」など、価格に主眼を置いてチャートを見れば、市場参加者の心理も見えてきます。たとえば、過去に大きく下落したところを見れば、そのときに何があり、市場がどのように反応したかがわかります。過去から現在にかけて価格が上がっているのであれば、市場参加者が「買いたい」と思っているとわかります。

このような視点でチャートを見ることにより、**市場の変化と市場参加者の心理を読み解く**ことができるのです。

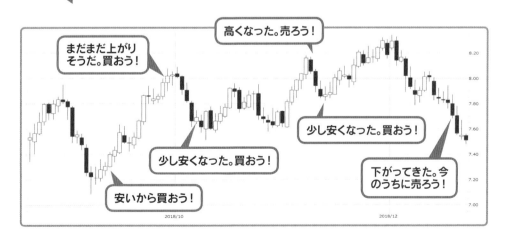

投資家の心理で価格は上下する

FX取引の重要なカギとなる

テクニカル分析の考え方

常に意識しておくべき3つの原則

　テクニカル分析の目的は、将来の相場を予測することです。テクニカル分析には、値動きを分析したり、予測したりする際に重要となる基本的な考え方があります。取引を始める前に、この考え方をしっかり理解しておきましょう。

❶ 市場はすべての事象を織り込む

経済社会の変化に市場が「どう反応したか」を正確に表すのは価格のみで、その動きはテクニカル分析でしか読み解けません。テクニカル分析では、値動きを表すチャートの中に、過去の値動きの理由から今後の値動きを予想するヒント、判断材料まで、すべて織り込まれていると考えます。

❷ 価格の動きはトレンドを形成する

テクニカル分析では、相場にトレンド（➡P27）があるときとないときを判別し、それぞれの状況に合わせた売買の戦略を考えます 。具体的には、トレンドがあるときはトレンド系の指標（➡4章P94〜）、トレンドがないときはオシレーター系の指標（➡5章P124〜）を使い、売買のタイミングをはかります。

❸ 歴史は繰り返す

将来の値動きを予測するために過去の情報を分析するのは、「歴史は繰り返すもの」という考えが根底にあるためです。経済状況が変わっても、値上がりすれば売りたい、安くなれば買いたいという投資家の心理は変わりません。そのため、過去のチャートのパターンが再現されるだろうと考えられるのです。

テクニカル分析のメリット・デメリット

テクニカル分析はトレーダーにとって強い武器になります。ただし、**弱点もあります**。もちろん、テクニカル分析の結果が100%当たるわけでもありません。**メリットとデメリットをしっかり理解し**て使うことが重要です。

メリット

値動きがわかりやすい

チャートを使って分析するため、「上がった」「下がった」「変化なし」といった値動きが視覚的にすぐに把握できる。

客観的に分析できる

テクニカル分析は、為替レートの価格や、値動きを見る。数値を踏まえて次の値動きを予測するため、「上がるだろう」「下がるだろう」といった主観の入らない客観的な分析ができる。

汎用性が高い

ファンダメンタルズ分析は、国や通貨ごとに情報を集めて分析する必要がある。一方、テクニカル分析はどの通貨にも対応する。

分析がシンプル

チャートが発信しているのは、過去と現在の価格に関する情報のみ。ファンダメンタルズ分析と比べて分析する対象範囲が狭く、シンプルである。

情報格差が生じにくい

ファンダメンタルズ分析は、情報収集力とスピードが分析結果に影響する。テクニカル分析は、誰もが見られるチャートで分析するため、格差が生じにくい。

デメリット

チャートを読む技術が必要

チャートを分析する手法のため、チャートの読み方を理解する必要がある。

経済環境の変化は予測できない

為替レートは、重要な経済指標やニュースなどの発表によって大きく動くことがある。そのような要因は、テクニカル分析の対象範囲外。

売買判断が遅くなる

テクニカル分析は、過去の値動きを分析し、次の値動きを予測する。そのため、相場の急変などによって起きる突発的な値動きには対応できない。

ダマシがある

ダマシは、分析結果として出る間違った売買サインのこと。分析精度を高めても正解率100%にはならない。また、分析する人によっても売買サインがダマシになる確率が変わる。

相場の急変は予測できない

テクニカル分析にはさまざまな指標があり、指標の組み合わせで手法を作っていくと何百通りにもなる。複雑になりやすく、その時々の相場に合う手法を選ぶのが大変。

投資はサルがやっても人がやっても同じ？

　投資の世界には、ランダム・ウォーク理論と呼ばれる「相場の動きは無秩序であるため、未来の値動きを予測することは不可能である」という考え方があります。投資はサルがやっても人がやっても、結果にはそれほど差がないという考え方ともいえます。この考えに対抗し、これまでの相場の長い歴史のなかで、「なんとか市場を打ち負かしてやろう」と考えた投資家たちが、さまざまなトレードのアイデアやトレード手法を考えてきました。

　私は「相場の動きは無秩序である」という認識には異議を唱えるつもりはありません。しかし、無秩序な市場の動きの中から「無秩序でないトレンド部分」を認識しなければ、収益を上げることは困難であり、そもそも、市場がランダム（無秩序）なら、相場に参加する意味などありません。

　『金融先物・オプションの価格変動分析 ボラティリティの予測モデル』の著者ステファン・テイラーは、相場にはトレンドが存在することを実証しています。日本ではほとんど知られていませんが、世界ではこの本を読んで「市場には非効率性（トレンド）や偏向（バイアス）がある」ことを確信し、システムトレードで長期にわたって非常に優秀なパフォーマンスをあげ、大成功している人たちがいます。

　彼らの成功は、自分のシステムに対する信頼と、負けても根気強くトレードを続ける忍耐によるものです。負けが込んでくると、ほとんどの投資家はシステムを変更するか、自由裁量の投資家に変身してしまいます。この売買で成功するにはシステムの中身が重要であることは言うまでもありませんが、実際にはそれを継続できるかどうか、その意志が重要です。

chapter 1

ローソク足の読み方をマスターする

チャート分析の基本！
ローソク足の意味と読み方

ずばりポイント ローソク足は、始値、高値、安値、終値の4つの価格をまとめて同時に表している！

チャート分析の要！
四本値とは

始値 ある期間で最初についた価格のこと。「寄り付き」とも呼ばれる。

高値 一定期間中に最も高く取引された価格のこと。

安値 一定期間中に最も安く取引された価格のこと。

終値 ある期間で最後についた価格のこと。「引け値」とも呼ばれる。

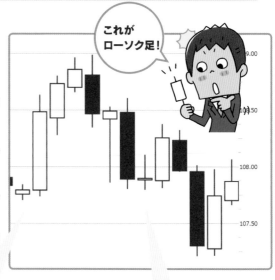

これがローソク足！

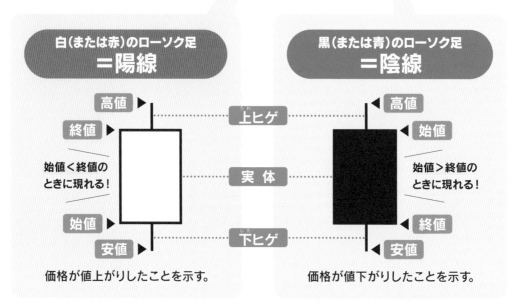

白（または赤）のローソク足 =陽線	黒（または青）のローソク足 =陰線

高値 ▶ ── 上ヒゲ ── ◀ 高値

終値 ▶　　　　　　　　　　　◀ 始値

始値＜終値のときに現れる！　　実 体　　始値＞終値のときに現れる！

始値 ▶　　　　　　　　　　　◀ 終値

安値 ▶ ── 下ヒゲ ── ◀ 安値

価格が値上がりしたことを示す。　　価格が値下がりしたことを示す。

✏️ 値上がり、値下がりが一目瞭然

テクニカル分析の主役といえる**ローソク足**。不思議な形ですが、これは為替の値動きがひと目でわかるように工夫してつくられているのです。

まず、ローソク足には**陽線**（白や赤）と**陰線**（黒や青）の2種類があり、一定期間の間に**値上がりした場合は陽線、値下がりした場合は陰線が表示されます**。たとえば、ある週の値動きが100円で始まり、101円で終わった場合、ローソク足は陽線となり、色だけでその週に値上がりしたことがわかります。

また、**ローソク1本が表す値動きの期間は、分、時間、日、週、月に切り替**えて見ることが可能です。1分や5分といった短期間の値動きを1本のローソク足で表示したり、1週間や1か月といった長期間の値動きを1本にすることもできます。

1分足：1分間の値動きを1本で表示。
（5分、15分、30分などでも表示可能）
1時間足：1時間の値動きを1本で表示。
（2時間、4時間などでも表示可能）
日足：1日の値動きを1本で表示。
週足：1週間の値動きを1本で表示。
月足：1か月の値動きを1本で表示。

✏️ 各パーツが4つの値段を表している

ローソク足を見ると、ローソク足1本が表している期間中（1分、1日、1週間など）の4種類の価格がわかります。これらの価格を**四本値**といいます。

始値：取引開始時の価格。
高値：期間中の最高値。
安値：期間中の最安値。
終値：取引終了時の価格。

始値と終値の間の太くなっている部分を実体といいます。陽線の場合は実体の下部が始値、上部が終値。陰線は逆で、実体の上部が始値、下部が終値となります。**実体から上下に飛び出している線をヒゲ**といい、ヒゲの先端が高値と安値を表しています。

儲けのツボ！
ローソク足には投資家の心理が出る！

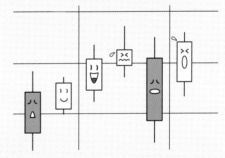

相場の値動きは「値上がりしているから買う」「値下がりしているから売る」など、投資家の考えや行動が反映される。その値動きを視覚化したものがローソク足。ローソク足から投資家心理を感じることが大切だ。

ローソク足の<u>太い部分</u>・<u>実体</u>は何を表している？

ずばりポイント ローソク足の実体の長さは「値動きの方向」や「相場の変化」を表す！

実体の長さ＝相場の勢い

ローソク足の太い部分を実体といい、始値と終値の価格差を表している。実体が短ければ始値と終値の差が小さかったことを意味し、陽線の実体が長ければ買いの勢いが強く、陰線の実体が長ければ売りの勢いが強いと考えられる。

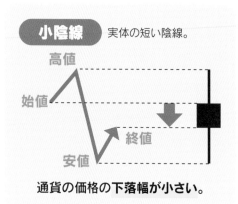

小陰線 実体の短い陰線。

通貨の価格の下落幅が小さい。

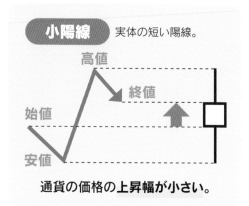

小陽線 実体の短い陽線。

通貨の価格の上昇幅が小さい。

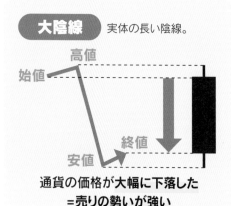

大陰線 実体の長い陰線。

通貨の価格が大幅に下落した
＝売りの勢いが強い

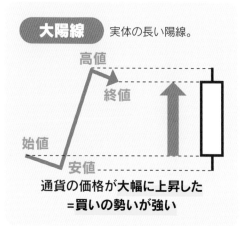

大陽線 実体の長い陽線。

通貨の価格が大幅に上昇した
＝買いの勢いが強い

ローソク足の長さは値動きの大きさ

ＦＸの利益は、価格が動くことによって生まれます。つまり、値動きが大きいときを狙う方が、稼げるチャンスということ。このチャンスを知るためには、値動きの変化のとらえ方を知ることが大切です。

その変化を表すのが、ローソク足の長さ。特に大切なのが、ローソク足の太い部分である実体の長さです。たとえば、**上昇、下落を問わず、始値と終値の差が大きくなると、ローソク足の実体は長くなります。このタイプを大陽線、大陰線といいます。**

大陽線、大陰線は、価格が上下どちらかに動きだしたときによく現れます。

たとえば、重要な経済ニュースなどによって価格が上下どちらかに動くと、その方向に乗ってエントリーする人が増え、売り手と買い手の力のバランスがどちらかに偏ります。結果、値幅が大きくなり、実体が長い大陽線や大陰線が出やすくなります。

このように**値動きがどちらか一方向に向かって動く状態を「トレンド」といいます。**反対に、始値と終値がほぼ変わらなければ実体は小さくなります。このようなローソク足は小陽線や小陰線といい、トレンドがない相場でよく現れます。

買う人と売る人の割合で相場が決まる

為替レートは、買い手と売り手の注文が成立することによって決まります。そのため、価格が大きく上昇する大陽線や、大きく下落する大陰線は、買いたい人、売りたい人が多くなったことの表れといえます。

一定の割合で上昇または下落しているチャートの状態を「トレンド相場」と呼びます。ローソク足チャートが右肩上がりになるのが上昇トレンド。**価格が上がっていくので、安く買って高く売ることで利益を重ねることができます。**

一方、チャートの流れが右肩下がりになる下降トレンドでは、価格は徐々に下落していきます。下降トレンドの場合は、**高く売ってから安く買い戻すことで、利益を重ねることができる**のです。

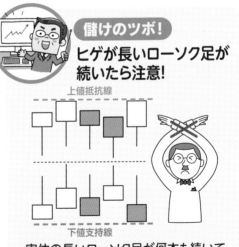

儲けのツボ！

ヒゲが長いローソク足が続いたら注意！

上値抵抗線

下値支持線

実体の長いローソク足が何本も続いているときは、強いトレンドが出ていることになる。逆に実体が短くヒゲが長いローソク足が続くときは、そこが上値抵抗線（→P48）か、下値支持線（→P48）になっているので危険。ポジションを手じまいする用意をしよう。

買いどき、売りどきを示す
上ヒゲ・下ヒゲの見方

ずばりポイント 長い上ヒゲが出たら「売りどき」のサイン！
長い下ヒゲが出たら「買いどき」のサイン！

相場状況を表すヒゲのしくみ

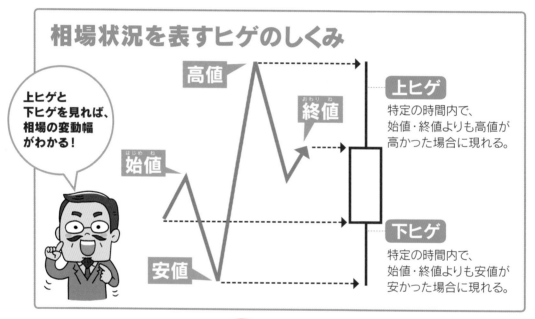

上ヒゲと下ヒゲを見れば、相場の変動幅がわかる！

高値

終値

始値

安値

上ヒゲ
特定の時間内で、始値・終値よりも高値が高かった場合に現れる。

下ヒゲ
特定の時間内で、始値・終値よりも安値が安かった場合に現れる。

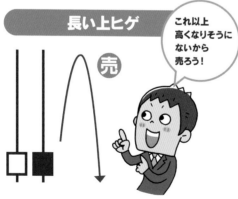

長い上ヒゲ

これ以上高くなりそうにないから売ろう！

売

一時的に大きく上昇したが、押し戻された
＝今後下落する可能性が高い

長い下ヒゲ

安いうちに買っておこう！

買

一時的に大きく下落したが、その後上昇した
＝今後上昇する可能性が高い

ヒゲで買いどき、売りどきを判断

ヒゲは相場の変動幅を表し、**上ヒゲは価格が一時的に上がって戻ったこと、下ヒゲは価格が一時的に下がって戻ったこと**を示します。

たとえば、始値が1ドル100円で、日中に97円まで下がり、終値にかけて再び100円に戻された場合は、長い下ヒゲの日足になります。このとき、なぜ100円まで戻されるかというと、市場で売買している人たちに「100円以下は安い」と判断されたからです。つまり、下ヒゲが出た価格帯は「お買い得な価格帯」であり、その価格帯では売り手より買い手の方が多いといえます。

この視点で考えると、たとえば、**価格**が下落を続けているときに下ヒゲが出た場合は、比較的安心して買える**ことになります。なぜなら、その価格帯には「安い」「買いたい」と考えている買い手がたくさんいると判断できるからです。

逆に、**価格が上昇を続けているときに上ヒゲが出た場合は、売りどき**といえます。上ヒゲは「高い」と判断した人が多く、買い手よりも売り手の力の方が強いことを表すため、さらに上昇する可能性が低いと考えられるからです。

ヒゲは、取引している人たちの「安い」「高い」といった判断を表します。安く買う価格帯や高く売る価格帯を探すヒントとして注目してみましょう。

長いヒゲはトレンド転換のサイン

相場が安定しているときは値動きの幅が小さくなるため、ローソク足の実体が小さくなるとともに、上下に出るヒゲも短くなります。**値動きがほとんどなく、ヒゲが出ないこともあります。**

一方、**相場が不安定なときは長いヒゲが出やすくなります。**リスクを避けるために持っている通貨を決済したり、大きな値動きの中で利益を狙う人が新たに売買を始めたりするからです。

結果、売買が入り乱れ、高値、安値の値幅が大きくなります。その際に、「安すぎる」「高すぎる」と考えた人が売買し、値動きする前の価格付近まで戻ることで、長い上ヒゲや下ヒゲが出るのです。

実体と同じくらい、またはそれ以上に長いヒゲが上下どちらか1本のみのローソク足は、**トレンドの終わりや新たなトレンドが生まれるときによく現れる**傾向があります。たとえば、**下ヒゲが長く実体の短いローソク足が安い価格帯で現れた場合は、下降トレンドの終わりや上昇トレンドの始まりのサイン**です。下ヒゲが長く実体が短いということは、いったん大きく売られた後、それ以上の力で買われ、始値付近まで戻ったことを表します。つまり、下ヒゲの価格帯では売る力より買う力の方が大きいため、さらに下落する力がないと判断できるのです。逆に、**高い価格帯で長い上ヒゲが出た場合は、上昇トレンドの終わりや下降トレンドの始まりのサイン**と判断できます。

トレンドの発生を予想する
ヒゲのあり・なしと長さ

ずばりポイント ヒゲがないときは「トレンド発生」！
長いヒゲ1本のときは「トレンド転換」！

ヒゲのない大陽線・大陰線

ローソク足には上ヒゲまたは下ヒゲがないもの、上下どちらもヒゲがないものがある。大陽線、大陰線でこの形が現れたときの意味合いを知っておこう。

ヒゲがない
ローソク足を
坊主というよ

大陽線が表すシグナル

[陽の丸坊主]
上ヒゲも下ヒゲもない
大陽線。
買いの勢いが強い。

[陽の大引け坊主]
上ヒゲがない大陽線。
買いの勢いが強く、
さらに上昇することが
期待できる。

[陽の寄付き坊主]
下ヒゲがない大陽線。
買いの勢いが強いが、
下落に転じることへの
警戒も。

大陰線が表すシグナル

[陰の丸坊主]
上ヒゲも下ヒゲもない
大陰線。
売りの勢いが強い。

[陰の大引け坊主]
下ヒゲがない大陰線。
売りの勢いが強く、
さらに下落しやすい。

[陰の寄付き坊主]
上ヒゲがない大陰線。
売りの勢いが強いが、
上昇する可能性もあり。

価格が一方向に動くとヒゲが出にくい

ローソク足の中には、上下どちらか1本しかヒゲがないものがあります。ヒゲは、高値や安値から戻ったときに出るものです。口足を例にすると、日中の価格がその日の始値を下回らなかったときは、下ヒゲがない陽線になります。また、始値を上回ることなく終値まで下がった場合は、上ヒゲがない陰線になります。

上下どちらかにしかヒゲのないローソク足は、買い手か売り手の力がどちらかに偏っている状態を表しており、下ヒゲまたは上ヒゲがない陽線は買いたい人が多く、下ヒゲまたは上ヒゲがない陰線は売りたい人が多いことを表します。

また、上下どちらにもヒゲがないローソク足もあります。このタイプは、**陽線、陰線ともに丸坊主と呼びます。**丸坊主の陽線は、始値から終値まで一直線に上がったことを表します。丸坊主の陰線は、始値から終値まで一直線に下落したときのローソク足です。つまり、このようなローソク足が出たときも、**陽線なら買い手、陰線なら売り手の力が強い状態**だと判断できます。重要な経済ニュースの影響などでトレンドが生まれたときは、買い手または売り手の力が一方的になりやすいため、丸坊主のローソク足が出やすくなります。

終値にかけての値動きが重要

ローソク足は、今の値動きを把握できる重要な指標です。ただ、価格は連続性を持って動いているため、**次の値動きを考えるためには、終値にかけての動きを見ることが重要**です。たとえば、上ヒゲがない陽線が終値100円だった場合、直前まで買われたわけですので、そのまま継続して買われる可能性が高く、次のローソク足も100円以上の始値をつけ

る可能性が高いといえます。それを表すのが**陽の大引け坊主**です。一方、上ヒゲ付きのローソク足は終盤にかけて売られたことを表しますので、終値100円の陽線であっても、次のローソク足は100円以下が始値となり、継続して売られる可能性が高くなります。それを表すのが上ヒゲ付きの陽線で、**陽の大引け坊主とは方向性が逆**になります。

儲けのツボ！

「カラカサ」が現れたら要注意

カラカサとは、実体が短く、下ヒゲは実体の3倍以上長いが上ヒゲのないローソク足のこと。買いのシグナルといわれるが、現れる位置によって予想と逆に動くこともあるので、注意しよう。

トレンドと逆行するローソク足が出る意味は？

ずばりポイント 前日の値上がり、値下がり分を打ち消す長いローソク足は、トレンド転換のサイン！

値動きに逆行するローソク足は要注意

一定期間に大幅な価格の変動が起こると、長いローソク足が現れる。直前のローソク足と逆方向の動きの長いローソク足が現れた場合、トレンド転換の合図となることがある。

陽線が連続した後に大陰線が現れた場合

上昇トレンドから下降トレンドへの転換が起こりやすい！

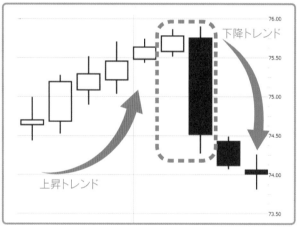

下降トレンド

上昇トレンド

陰線が連続した後に大陽線が現れた場合

下降トレンドから上昇トレンドへの転換が起こりやすい！

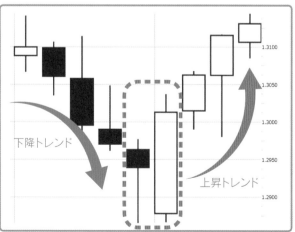

下降トレンド

上昇トレンド

上昇中の陰線と下落中の陽線が重要

　価格は常に上下を繰り返すため、さまざまなローソク足が現れます。そのため、値動きの方向性や変化をつかむためには、1つのローソク足だけ見るのではなく、**その数や並び方を見ることが大切です。**

　上下どちらかのトレンドが出ているときは、上昇トレンドであれば陽線が出やすくなり、下降トレンドであれば陰線が出やすくなります。

　トレンドが出ている状態のときに、それまでの値動きに逆行するローソク足が出た場合は、**トレンドの勢いが止まったり、トレンドが終わりに近づいたりしている可能性があります。**たとえば、上昇トレンド中で陽線が多く出ているときに、長い陰線が出るようなケースです。

　上昇トレンド中の陰線は、価格がある程度まで上がったと判断し、売った人が多いことを表します。または、現在の価格が高いと判断し、売りから取引を始める人が増えたことを表します。

　いずれにしても**買い手の力が弱まり、売り手の力が強くなったことを表す**ため、それ以上価格が上がる可能性は小さくなるのです。

　下降トレンドの場合は反対で、陽線が出たときに、トレンドの勢いが止まったり、終わったりする可能性が高くなります。

陽線と陰線の数と長さを見る

　上下どちらのトレンドも、トレンドが出ている期間が長くなるほど力が弱くなっていきます。また、上昇トレンドであれば価格が上がるほど、下降トレンドであれば価格が下がるほど、力が弱くなり、トレンドの勢いが止まったり、トレンドが終わる可能性が大きくなったりします。その傾向も、陽線と陰線の現れ方を見て察知することができます。

　上昇トレンドを例にすると、上昇力が強い時ほど陽線の数が多くなり、1本あたりの長さも長くなります。しかし、**上昇力が弱まるにつれ、陰線が出やすくなり、陽線の長さは短くなっていきます。**下降トレンドでは、**下落する力が弱まるにつれ、陽線が出やすくなり、陰線が短くなっていきます。**

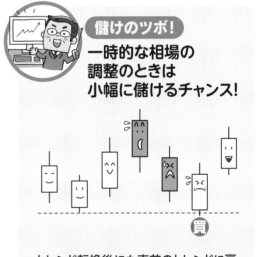

儲けのツボ！

一時的な相場の調整のときは小幅に儲けるチャンス！

トレンド転換後にも直前のトレンドに戻るような動きをすることがある。そのときには直前トレンドの谷（山）を越えるか確認。もし越えなければ一時的な調整なので、相場がいったん戻ったときに買い（売り）を入れよう。

大陽線と大陰線でわかる投資家心理とトレンド

ずばりポイント トレンド中に現れる大陽線・大陰線はトレンド終了の目印！

下降トレンド中に長い陰線（大陰線）が出たとき、または上昇トレンド中に長い陽線（大陽線）が出たときは、トレンド終了の合図となることがある。

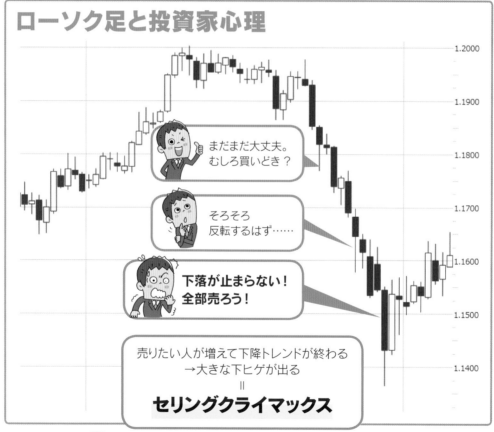

ローソク足と投資家心理

まだまだ大丈夫。むしろ買いどき？

そろそろ反転するはず……

下落が止まらない！全部売ろう！

売りたい人が増えて下降トレンドが終わる
→大きな下ヒゲが出る
＝
セリングクライマックス

 反対に買いたい人が大量に増えて上昇トレンドが終わるのが
バイイングクライマックス

投げ売りとともにトレンドが終わる

ローソク足は投資家の心理や行動を表します。大陽線は「ここで買いたい」、大陰線は「ここで売りたい」と考える投資家が多くいることの表れと考えられることから、トレンドがない相場に大陽線や大陰線が現れると、トレンドが発生することがあります。逆に、**上昇トレンド中は大陽線が、下降トレンド中は大陰線が、それぞれトレンド終了の合図になることがあります。**

下降トレンドでは、下落が続くにつれて売りそびれて含み損（売買を確定していない状態での損失）を抱えている人たちが耐えきれなくなり、投げ売り（損失

を確定させる決済）すると、底値圏で大陰線が出ます（**セリングクライマックス**）。上昇トレンド中も同じで、売り手の人たちが我慢できなくなり、高値圏で買い戻すことによって大陽線が出ることがあります（**バイイングクライマックス**）。

下降トレンドを例にすると、含み損を我慢していた人の投げ売りが終わり、売る側の人が少なくなります。その結果として価格が大きく下がると、買うタイミングを待っていた人が「安い」「買っておこう」と考えます。つまり、売り手が減り、買い手が増えるため、下落する力が弱くなり、トレンドが終わるのです。

大陽線、大陰線の次も重要

トレンド中に大陽線や大陰線が出た場合は、その次に出るローソク足も重要です。たとえば、経済環境が大きく変わったり、価格が下がる重要なニュースなどがある場合は、**下降トレンド中の大陰線がセリングクライマックスとならず、価格が下がり続けることがあります。**日足の場合、次の日のローソク足が陰線になったり、安値を更新したりした場合などは下降トレンドが継続している可能性が大きいといえるでしょう。一方、次の日のローソク足が陽線となれば、買いたい人が増えたと判断できます。安値の更新が止まれば、それ以下の安値で売りたい人が減ったと見ることができます。**そのような変化を確認してから売買を開始する方がリスクは小さくなります。**

儲けのツボ！

大陽線・大陰線の前後のローソク足を必ず見よう！

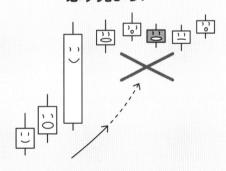

トレンド反転・逆転のポイントでは、大陽線・大陰線の出現前後に短いローソク足が密集することも多い。大陽線・大陰線だけで判断せず、短いローソク足もチェックしよう。

ローソク足で相場を予測❶
切り込み線、かぶせ線

ずばりポイント 陽線と陰線が並んで現れたときはトレンド転換のサイン!

隣り合った2本のローソク足をチェック

ローソク足は1本の型を見ただけでも値動きを知ることができるが、複数のローソク足の組み合わせで見ることによって、より具体的な値動きの予測をすることができる。

切り込み線

直前の大陰線の終値より下から始まり、
直前の大陰線の中心を上回る所まで戻して終わった
=買いたい人の圧力が強く
今後上昇する可能性が高い!

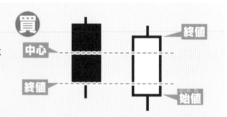

かぶせ線

直前の大陽線の終値よりも高く始まったが、
最後は直前の大陽線の範囲内に終値をつけた
=買いたい人が少なくなり
天井打ち(これ以上は上昇しない)
の可能性が高い!

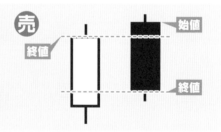

かぶせの上抜き

かぶせ線が現れた後、
かぶせ線の高値を上抜く
大陽線が現れた
=買いたい人の圧力が強く
一時的な上昇が予想される!

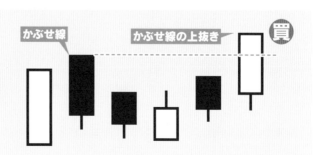

安値圏から上がってくる陽線に注目

ここからは、複数のローソク足を使ってトレンド転換を読み解く方法を解説していきます。

下降トレンドから上昇トレンドへの転換サインとなるのが**切り込み線**です。

切り込み線は、下降トレンド中に現れる陽線で、前日（分、週、月）の下落を巻き返すかのように上昇してきます。上昇力が強く、前日の陰線の半分くらいまで価格が戻れば、その付近で「買いたい」と思っている人が多いと判断できるでしょう。**買い手の力が強いほど、下降トレンドが終わり、上昇トレンドに転換する可能性も大きくなります。**ただし、

前日の陰線の終値くらいまでしか戻らなかった場合は、**まだ買い手の力が弱いと判断され、さらに下落していくこともあります。**一方、上昇トレンド中に出る陰線で、前日に出た陽線の終値を下回るまで下落してくるものは**かぶせ線**といい、下降トレンドへの転換サインと考えられています。陰線が出て終値が前日を下回るということは、その付近が目先の天井だと思っている人が多く、高くても買いたいと考える人が少なくなったということです。切り込み線と逆のパターンで、**上昇トレンドが終わり、下落トレンドに転換する可能性があります。**

高値を更新することで上昇に勢いがつく

切り込み線やかぶせ線は、チャート上に現れた時点ではトレンド転換のサインとなりますが、実際に転換するかどうかはわかりません。そこで**ポイントとなるのが、切り込み線やかぶせ線が出た後の値動きです。**

たとえば、上昇トレンド中にかぶせ線が出た後、再び上昇が始まり、かぶせ線の高値を超えていくことがあります。これは**かぶせの上抜き**といわれる状態で、上昇が勢いづく可能性があります。なぜなら、かぶせ線が出たときに利益確定した買い手が再び買い直したり、新規で売りのエントリーをした人が買い戻したり、トレンドに乗るタイミングを待っていた人や、高値更新を見て買おうと考えた新たな買い手が増えるためです。

2本のローソクを1本にまとめてトレンドを把握しよう！❶

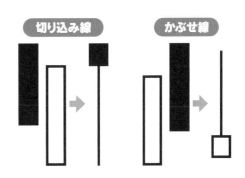

2本のローソク足を1本にまとめてみると、切り込み線には下ヒゲが、かぶせ線には上ヒゲが出ていることがわかる。

→切り込み線は上昇に、かぶせ線は下落に転じる可能性が高い！

ローソク足で相場を予測❷
つつみ線、はらみ線

ずばりポイント 高値圏・安値圏で現れる
つつみ線、はらみ線は信頼度が高い！

2本のローソク足で示される強力なシグナル

隣り合ったローソク足の中でも特に代表的な組み合わせが、つつみ線とはらみ線。上ヒゲ、下ヒゲどちらかが長い1本のローソク足と同じ意味を持つ。

信頼度が高い
シグナルだよ

つつみ線

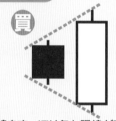

直前の陰線をすっぽり包む陽線が現れた
= 上昇トレンドに転じるサイン

直前の陽線をすっぽり包む陰線が現れた
= 下降トレンドに転じるサイン

はらみ線

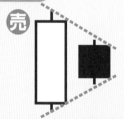

直前の陽線にすっぽり収まる陰線が現れた
= 下降トレンドに転じるサイン

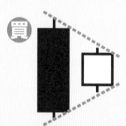

直前の陰線にすっぽり収まる陽線が現れた
= 上昇トレンドに転じるサイン

力関係が逆転してトレンドが終了する

　上昇トレンド中に現れる陰線や、下降トレンド中に現れる陽線は、いずれもトレンドと逆行するローソク足で、**長ければ長いほどトレンドの勢いが止まったり、終わる可能性が高くなります。**

　たとえば、上昇トレンド中に前日の日足の始値（はじめね）や、それ以下まで下がるような長い陰線が現れることがあります。

　これは、**つつみ線**と呼ばれるローソク足で、前日の値上がり分を、翌日の値下がりによって完全に打ち消したということです。前日から今日にかけての変化として、買い手優勢の状態から売り手優勢の状態に変わったと見ることができ、ト

レンドが終わる可能性があります。

　下降トレンド中の陽線も同様に、前日の値下がり分を打ち消す長い陽線は、トレンド終了のサインといえます。

　陰線と陽線の組み合わせでは、前日のローソク足の値幅の中に、翌日のローソク足が収まる組み合わせもあります。これは、**はらみ線**といいます。

　つつみ線と比べると、前日の始値を下回っていませんので、トレンド終了のサインとしては弱めです。ただし、高値圏で陰線のはらみ線が出たときや安値圏で陽線のはらみ線が出たときは、信頼度が高くなります。

 ## 組み合わせると値動きがわかりやすい

　陽線と陰線の組み合わせを見るためには、2本のローソク足を組み合わせて考えるとわかりやすいでしょう（→P35）。

　陽線を陰線が包むつつみ線の場合、2つのローソク足を合わせると、長い上ヒゲの陰線になります。上昇トレンド中の上ヒゲは買い手の力が弱まったことを表し、陰線は売り手の力が強いことを表します。そのため、つつみ線が出たらトレンド終了の可能性が高いと判断できます。

　陽線が陰線を包むはらみ線も同様に、2つのローソク足を合わせると長い上ヒゲが出ます。ただし、2本目の終値（おわりね）が1本めの始値を割り込んでいませんので、陽線となります。陽線は買い手が強いことの表れですので、つつみ足よりは弱いトレンド終了のサインとなるのです。

2本のローソクを1本にまとめてトレンドを把握しよう！❷

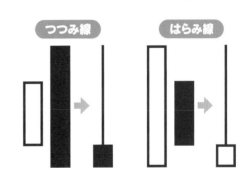

直前の陽線を陰線が包むつつみ線も、陰線が直前の陽線に収まるはらみ線も、1本のローソク足にまとめると上ヒゲの長いローソク足になる。

→下落に転じる可能性が高い！

ローソク足で相場を予測❸
たすき線と押し目、戻り目

ずばりポイント 逆行するローソク足の次が陰線か陽線かによってトレンドの動向がわかる!

3本のローソク足でトレンドを判断

たすき線とは、直前のローソク足の範囲内から始まり、逆行するもの。2本の組み合わせだけで見ると、大幅に上昇した、または大幅に下落した値動きのため、それが継続する印象だが、実際は反転しやすく、3本目を見てから判断することが必要となる。

陰のたすき線

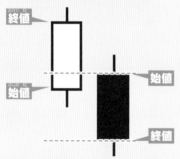

陽線の翌日に陰線が出て、
前日安値を下回った

▼

次のローソク足が陽線だった場合
「押し目」

上昇トレンドが続く

陽のたすき線

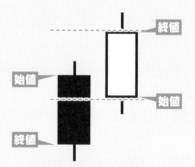

陰線の翌日に陽線が出て、
前日高値を上回った

▼

次のローソク足が陰線だった場合
「戻り目」

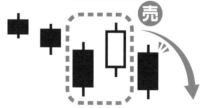

下降トレンドが続く

逆行したローソク足の次に注目

　前日や、前日までの値動きに逆行する**ローソク足は、値動きの方向性が変わるサイン**です。トレンド相場だった場合、逆行するローソク足が出ることによってトレンドの力が弱まったと判断できます。**ただし、そこで必ず方向が変わるとは限りません**。価格は常に上下していますので、一時的に逆行しただけの場合もあります。前日までの値動きで利益（含み益）が出ていた人が「そろそろ決済しよう」と考え、利益確定の売買によって逆行するローソク足が出ることもあります。

　そのようなときによく出るのが、**たすき線**です。これは、**前日のローソク足**（日足の場合）の範囲内から始まり、逆行するローソク足の並びです。前日が陽線だった場合は、その日の安値を下回るまで下がる陰線がたすき線です。

　前日の値動き（陽線の場合は値上がり分）を打ち消すローソク足ですので、そのまま方向性が変わることもあります。ただし、トレンド発生の初期で、トレンドに乗るタイミングを待っていた人たちが多ければ、再び反転することもあります。どちらに動くか見るためには、たすき線の次のローソク足が重要です。**たすき線の次が陽線なら上昇、陰線なら下落する可能性が高くなります。**

押し目、戻り目でトレンドに乗る

　上昇トレンド中のたすき線（陰線）は、トレンドに乗るタイミングを待っている人のエントリーのチャンスです。このチャンスのことを**押し目**といいます。**一時的な下落を待つのは押し目待ち、そのタイミングで買うのは押し目買い**です。

　下降トレンドの場合は逆で、たすき線（陽線）が高値でショートポジションをとるチャンスになります。これを**戻り目**といい、**戻り目を待つことを戻り待ち、そのタイミングで売ることを戻り売り**といいます。

　たすき線が出た時点では押し目や戻り目になるかわかりませんが、**上昇トレンド中で、たすき線の次が陽線なら買い、上昇トレンド中で、たすき線の次が陰線なら売り**のエントリーを検討しましょう。

儲けのツボ！

「**上放れたすき**」が出たら買いのチャンス

上放れたすき

　前のローソク足の終値よりもはるか上で、陽線の後に陰のたすき線が現れたとき。これは、売り手が増えるのは一時的と考えられるので、後に価格が急上昇する可能性が高い。これを「上放れたすき」といい、買いのチャンスだ。

実体がないローソク足が示す買い手と売り手の力関係とは？

ずばりポイント 買い手と売り手の力が拮抗（きっこう）するシグナル。トレンドの勢いが弱まる！

十字線のバリエーション

十字線とは、買い手と売り手の力が拮抗し、始値（はじめね）＝終値（おわりね）となっている実体のないローソク足のこと。トレンドの勢いが弱まり、転換点となる可能性が高い。

十字線（足長同時線）

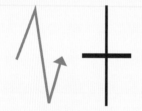

始値と終値が同じ。
売りの勢いと買いの勢いが拮抗している。

コマ

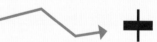

始値から終値まで
ほとんど動きがなかった状態。

一本線

—

値動きがなかった状態。
四本値がまったく同じ。

トンボ

上ヒゲがなく下ヒゲが長い。
相場の転換期を表す。

トウバ

上ヒゲが長く下ヒゲがない。
相場の転換期を表す。

トレンドの力が弱まると値動きが小さくなる

ローソク足の中には、実体がないものや、非常に短いものがあります。**実体がなく、上下にヒゲが出ているローソク足は十字線、上下どちらかのみヒゲが出ているものはトンボやトウバ、実体が短いものはコマ**と呼ばれています。

これらに共通しているのは、**始値と終値が同じ（またはほぼ同じ）だった**ということです。

たとえばトウバは、一時的に上昇しますが最後は売られて、始値と同じ価格に戻ります。トンボはその逆で、一時的に売られた後、買い戻された時のローソク足です。

このような値動きになるのは、**買い手と売り手の力が拮抗しているため**です。保ち合い相場で出た場合は、相場の方向性がなく、買い手も売り手もどちらに動くか判断できない状態と見ることができます。

直前までトレンド相場だった場合は、買い手または売り手が一方的に強かった状態が終わったと判断でき、トレンドが終わる可能性があります。上昇トレンドの高値圏、下降トレンドの安値圏で出た場合はトレンド終了の可能性が高くなります。また、トウバは上ひげ、トンボは下ヒゲのローソク足ですので、高値圏のトウバと安値圏のトンボは、トレンドが変わる可能性がさらに大きいといえます。

休憩を挟んで再びトレンドが出ることもある

トレンドに逆行するローソク足や十字線などは、**トレンドが一時的に休憩している**だけのときにも出ます。

休憩とは、利益確定のための売買が出たり、上がりすぎ、下がりすぎを警戒し、新たな買い手や売り手が増えにくくなる状態のことです。**トレンドの力が潜んでいる場合、休憩が終わると再びトレンドが発生します。**たとえば、利益確定の売りが終わり、売り手の力が弱くなったタイミングで、再び上昇するようなケース。トレンドの休憩中に利益確定した人が買い直し、トレンド終了と考えて売りポジションをとった人が買い戻します。トレンド再開を待っていた新たな買い手も増えるため、**以前より上昇力が強くなることもあります。**

儲けのツボ！

十字線の状態で
市場心理が読み取れる

ローソク足の十字線から、市場心理を読み取ることが重要だ。たとえば、トンボは「下げさせない」という下からの強い反発が、トウバは「上げさせない」という上からの強い圧力があるということを知っておこう。

トレンドの終了を示す 三兵と三法とは？

ずばりポイント 陰線や陽線が3本続くと
売り手と買い手の力が逆転した可能性大！

3本のローソク足でトレンドがわかる

陰線または陽線が、3本連続で階段状に並んで現れた状態を「三兵」という。また、上昇トレンド、または下降トレンドを示す指標「三法」というシグナルもある。

黒三兵（三羽ガラス）

売

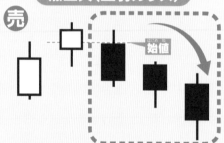

陰線が3本続けば「黒三兵」。1本目の陰線の始値がその前の陽線の高値より下回っていると**下落のシグナル。**

赤三兵

買

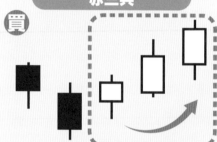

陽線が3本続けば「赤三兵」。
上昇トレンドへの転換が期待される。

上げ三法

買

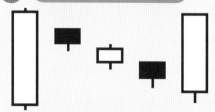

大陽線の後に小陽線や小陰線が3本連続し、再度大陽線が現れた。
上昇トレンドを表す。

下げ三法

売

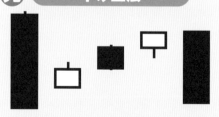

大陰線の後に小陽線や小陰線が3本連続し、再度大陰線が現れた。
下降トレンドを表す。

逆行するローソク足が3本並んだら注意

トレンドと逆行する陽線や陰線が連続して出た場合は、トレンドが終了する可能性が大きく、**トレンドとは逆方向に大きく転換する可能性**があります。たとえば、上昇トレンドの高値圏で陰線が連続するようなケースです。その中でも特に、上昇トレンド中に出る3本連続の陰線のことを**黒三兵、または三羽ガラス**と呼びます。

陰線が連続するということは、売り手の力が強い状態が続いていることを表します。そのため、利益確定の売りや新規の売りポジションをとる人が増えていると想像でき、上昇が止まるか、下落に転じるだろうと判断できます。

逆に、下落トレンドで陽線が3本連続で並ぶ状態は**赤三兵**といいます。買い手の力が強まっている状態を表しているので、下降トレンドで赤三兵が出た場合は、トレンドが終わるサインとされています。

いずれの場合も、3本のローソク足を組み合わせると長い陰線または陽線になります。**高値圏の長い陰線は売りサイン、安値圏の長い陽線は買いサイン**です。また、1本ずつの陰線または陽線が長い場合や、黒三兵が安値、赤三兵が高値を大きく更新している場合は、さらに強いサインといえます。

陰線の連続から再上昇することもある

価格は上下を繰り返しますので、**トレンド相場でも、陽線や陰線だけが何本も連続するようなケースはほとんどありません**。上昇トレンドを例にすると、大きく上がり、少し下がり（押し目）、再び上がるといった値動きとなることが多く、上がったときの高値が前回より高くなることによって上昇トレンドが継続していきます。

この値動きをチャート上で見ると、右上がりのNの字のようになります。この形は**上げ三法**とも呼ばれ、最初の上昇の高値を超えることによって、さらに上昇力が強くなると考えられています。

逆に、大きく下がり、少し上がり（戻り目）、再び大きく下がる下降トレンドのパターンは**下げ三法**で、前回安値を下回ると、下落する力が強くなります。

儲けのツボ！
ローソク足に「空(そら)」が3回現れたらトレンドが強い！

相場のトレンドが形成されるとき、前のローソク足と間隔を開けた「空」と呼ばれる空白が出現することがある。この「空」を海外では「ギャップ」と呼ぶ。「ギャップがある」とは、相場のトレンド勢いが強いことを表す。

日足、時間足など、複数のチャートを見るべき？

ずばりポイント 同じチャートでも時間軸を変えることで異なるサインが出ることもある！

短い時間軸ではトレンドが転換するように見えたとしても、長い時間軸で見るとトレンドが継続している場合もある。

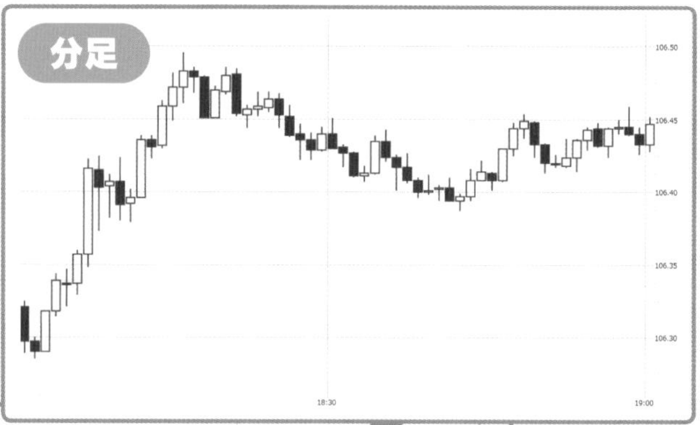

分足

情報量は長い時間軸のほうが多いんだね

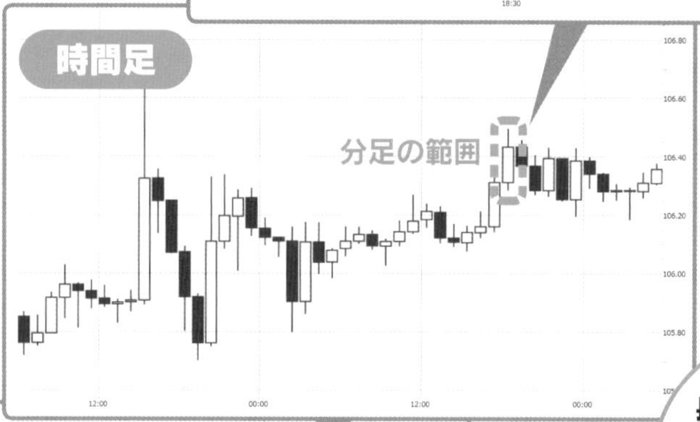

時間足

分足の範囲

長い時間軸で大きな流れを把握しておくことが大切なんだ

日足

時間足の範囲

時間軸を変えてトレンドを見る

ローソク足は、分足、時間足、日足、週足、月足など、1本が表す値動きの期間を自由に変えることができます（➡P25）。使い分け方として、自分が保有する期間に合わせることが基本です。たとえば、数時間から1日未満のトレードなら分足や時間足を使い、1週間くらい保有するなら日足と週足を使い、エントリーポイントを探ります。

ただし、**自分のトレード期間だけにとらわれず、短期と長期のチャートを両方確認することも大切**です。たとえば、分足や時間足で見る比較的短期のチャートで、上昇トレンドに見えたとします。し

かし、週足や月足のチャートに切り替えると、長期的には下降トレンドとなっていることがあります。この場合、短期のチャートだけ見るとロング（買い）のエントリーが正解に見えますが、長期トレンドが下落しているので、一時的な反発で終わり、再び下降トレンドとなる可能性が大きいといえます。つまり、この場合は、下降トレンドの継続を見越したショート（売り）のエントリーの方が勝ちやすくなるということです。短期、長期のチャートを両方見ることで、**より正確にトレンドがつかめるようになり、売買判断の精度も高くなるのです。**

 ## 1つのサインだけで判断しない

この章で取り上げたローソク足とそのパターンは、**テクニカル分析**の基本です。多くのトレーダーがローソク足を見ながら売買しているため、チャートに現れるサインの信頼性も高いといえます。

ただし、必ずしもサイン通りに値動きするわけではありません。サインの中にも信頼度が高いものと低いものがあり、売りどきのサインと買いどきのサインが両方出るときもあります。

そのため、**チャートを見るトレードでは、1つのサインだけで判断しないことが重要**です。

次章から紹介するトレンドラインや、売られすぎ・買われすぎを見る指標なども参考にしながら、売買の判断をしていくことが大切です。

投資スタイルによって
チャートの時間軸を変える

取引形態によっても、どの時間軸を見たらよいかは変わる。まずは自分の投資スタイルに合った時間軸を見つけよう。

取引形態	時間軸
スキャルピング 数十秒から数分でトレードを繰り返す。	TICK、1分足、5分足
デイトレード 1日のうちに取引を終わらせ、翌日にポジションを持ち越さない。	15分足、30分足、1時間足、日足
スイングトレード 数日から数週間にわたってポジションを保有し取引する。	1時間足、日足、週足
長期保有 数週間から数か月にわたってポジションを保有し取引する。	週足、月足

「勝っても負けても、皆自分の欲しいものを相場から手に入れる」

　「投資に必要な能力は何か？」という質問をよく受けますが、これは難しい質問です。未来を正確に予測することは誰にもできないので、「誰にも能力や資質はない」ということになります。所詮は人間がやっていることですので、投資で成功するかどうは「運」に左右されることも多くなります。

　伝説の投資家 W・D・ギャンはかつて次のように述べました。「医者は医業を営む前に4年間医学部で学ぶ。弁護士は弁護士業務を始める前に3年間ロースクールで学ぶ。それなのに、十分なトレード資金があるというだけで、なぜ無教育の個人がトレーダーになれるのか…？」

　アメリカの有名な投資家ラリー・ウィリアムズは、「マネーマネジメントとは、トレードにおいて最も重要なルールである。トレンドや価格ももちろん重要だが、自分の資金をどう扱うべきかをわかっているかどうかが最も大切なことである」と述べていますが、相場を当てるという行為より、資金がなくなってゲームオーバーとなる事態の方が重要であることは間違いありません。したがって、ゲームオーバーにならないように運用することができる人は、投資家としての能力を持っているといえるでしょう。

　投資本の名著『マーケットの魔術師』に登場するエド・スィコータは、「ほとんどの敗者は負けたがっている、そして目標に到達できない」「負けるトレーダーは彼自身を変えたいとは思っていない」と述べています。「そんな馬鹿な話があるか？」と思うでしょう。投資家は皆「勝ちたい」と思っているはずですが、実際の投資行動は「負けたい」という投資行動になっていることが多いのです。エド・スィコータは、「勝っても負けても、皆自分の欲しいものを相場から手に入れる」と言っています。これは、相場の本質を突いた、とても深い言葉です。

chapter 2

トレンドライン
で相場の
動向をつかむ

為替の動く方向がわかる！
トレンドラインのとらえ方

ずばりポイント 3つ以上の高値、安値を結ぶことで
値動きの方向性を把握できる！

トレンドラインで流れをつかむ

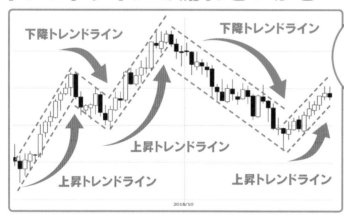

下降トレンドライン
下降トレンドライン
上昇トレンドライン
上昇トレンドライン
上昇トレンドライン
2018/10

値動きの
大きな
方向性を
とらえよう！

ローソク足の高値、または安値をつなげると、相場が上昇しているのか下落しているのかがわかりやすくなる。

上昇トレンドライン

上げ下げを繰り返しながらも上昇していくトレンド相場を示す。**下値支持線**（したねしじせん）ともいう。

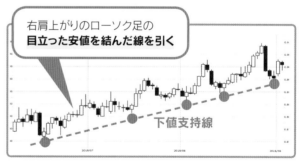

右肩上がりのローソク足の
目立った安値を結んだ線を引く

下値支持線

下降トレンドライン

上げ下げを繰り返しながらも下降していくトレンド相場を示す。**上値抵抗線**（うわねていこうせん）ともいう。

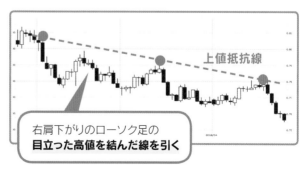

上値抵抗線

右肩下がりのローソク足の
目立った高値を結んだ線を引く

相場がどちらに動いているか確認

　為替相場は、**短期的にも長期的にも上下どちらかに向かって動いています**。短期的には、たとえば、数十分や数時間といった期間で円高ドル安に向かうことがあるでしょうし、その一方で、長期的には１年前との比較で円安ドル高に向かっていることもあります。

　重要なのは、その方向性（トレンド）を把握することです。

　安い（買いどき）、高い（売りどき）といった判断も、トレンドがどちらに向いているのかを踏まえてから考えることによって、精度が上がります。

　トレンドを見るための最もシンプルな方法は、**チャートにトレンドラインを描き入れてみる**ことです。

　トレンドラインとは、為替の動きをわかりやすくするためにチャート上に描き入れる補助線のことをいいます。

　まず、上下のジグザグを繰り返しているローソク足を見ながら、**ローソク足が高値をつけた点をいくつか探し、直線で結びます**。次に、**ローソク足の安値をいくつか見つけ、直線で結びます**。

　この２本のラインを描き込んでみることにより、値動きの方向性がつかみやすくなり、値幅の変化もわかるようになるのです。

 ## 3つ以上の高値、安値を結ぶ

　トレンドラインは、**3か所以上の高値（または安値）を結ぶ**ことがポイントです。

　高値は、価格の上昇が抑えられたポイントであり、**天井（値動きの上限）**ともいえます。安値はその反対で、下落が止まったポイントですから、**底（値動きの下限）**といえるでしょう。

　ＦＸの利益は、安く買って高く売る（または高く売って安く買い戻す）のが基本ですので、天井と底の見極めが大事になります。2か所を結ぶだけでは、たまたまその場所で反転しただけの可能性があります。3か所（以上）の高値、安値を結ぶことにより、天井や底と想定するラインの信頼度が高まり、売買するポイントが把握しやすくなるのです。

　トレンドラインの見方はシンプルです。

たとえば、**高値を結んだラインと安値を結んだラインが両方とも右肩上がり**であれば、高値が更新され、安値も切り上がっているので、上昇トレンドと判断できます。**上昇トレンドは買い手の力が強い状態で、買いから入る取引が有利**です。逆に、**高値や安値を結んだラインが右肩下がりの場合は下降トレンドの可能性が高く、売り手が有利**といえます。

　また、**上昇トレンドラインは下値支持線、下降トレンドラインは上値抵抗線**とも呼ばれます。下値支持線は上昇トレンド中に価格がそれより下回らないとされ、上値抵抗線はその逆で、下降トレンド中に価格の上昇を抑え込んでいることから、売買チャンスを見つけるための目安となるのです。

トレンドがない保ち合いの見分け方

ずばりポイント 下値支持線と上値抵抗線に何度もはね返されるのが「保ち合い」!

一定の値幅で上下するボックス相場

保ち合いとは、相場が上昇とも下降ともいえない状態のこと。保ち合いの中でも、高値・安値がほとんど動かず、一定の範囲内で上下している相場を「ボックス相場」という。

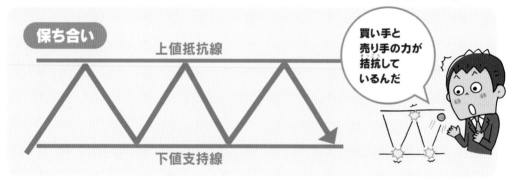

保ち合い

上値抵抗線

下値支持線

買い手と売り手の力が拮抗しているんだ

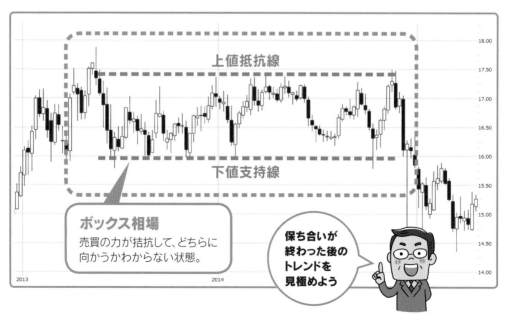

上値抵抗線

下値支持線

18.00
17.50
17.00
16.50
16.00
15.50
15.00
14.50
14.00

2013　　　2014

ボックス相場
売買の力が拮抗して、どちらに向かうかわからない状態。

保ち合いが終わった後のトレンドを見極めよう

トレンド相場と保ち合いを見分ける

相場は、常に上下どちらかのトレンドが発生しているわけではありません。

たとえば、高値や安値を結ぶラインが両方水平になった場合は、**買い手と売り手の力が拮抗している**と判断できるでしょう。

このような相場を**保ち合い**といいます。その中で、高値と安値が一定の値幅の中をいったりきたりする相場を**ボックス相場（レンジ相場）**といいます。

高値のラインが下落して安値のラインが上昇していたり、どちらかのラインが水平で、もう1つのラインが上昇または下落しているなど、上下のラインの向きがそろっていないチャートも保ち合いです。これらは、トレンドライン同士を結ぶと三角形の形になることから、**三角保ち合い**といいます。

ラインの傾きによって現れる三角保ち合いの種類

ペナント型

上下のラインが徐々に近づいていく。

三角形型

上下どちらかのラインは変動せず、片方が近づいていく。

ウェッジ型

上下のラインが近づきながら全体が上下どちらかに傾いていく。

 # トレンド相場と保ち合いを繰り返す

相場は、上下どちらかに向かって動くトレンド相場と、どちらに動くかわからない保ち合いを繰り返しています。価格が永遠に上がり続けることはなく、永遠に下がり続けることもなく、永遠に保ち合いになることもありません。

また、上昇トレンドが一瞬で下降トレンドに変わったり、下降トレンドが急に上昇トレンドになるといったケースはほとんどなく、**トレンドが変わる際には間に保ち合い相場が入ります。**

ただし、保ち合いを挟んで、上昇または下降トレンドが続くこともあります。

儲けのツボ！

ブレイクかと思ったら相場のぶれのこともある

相場では7割が保ち合いだといわれている。ブレイク（→ P58）待ちをしていて、仮に保ち合いを抜ける動きが見られたとしても、一時的な注文の急増による「相場のぶれ」の場合もあるので、注意しよう。

取引にエントリーするときの基本的な2つの方法とは？

ずばりポイント トレンドの流れに乗るのが順張り！反転を予測するのが逆張り！

順張りと逆張りは正反対のタイミング

トレンドの流れに乗って利益を得るのが「順張り」。一方、トレンドの反転を予想して相場の方向に逆らって売買するのが「逆張り」で、順張りとは正反対のタイミングとなる。

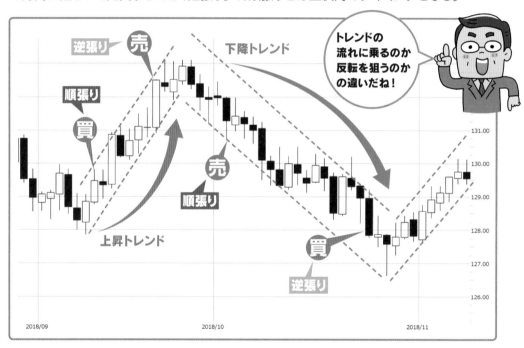

トレンドの流れに乗るのか反転を狙うのかの違いだね！

逆張り　売　下降トレンド
順張り　買
売　順張り
上昇トレンド
買
逆張り

131.00
130.00
129.00
128.00
127.00
126.00

2018/09　　2018/10　　2018/11

順張り

トレンドが**上昇**しているときに「**買い**」から入り、**下落**しているときに「**売り**」から入る。

逆張り

トレンドが**上昇**しているときに「**売り**」から入り、**下落**しているときに「**買い**」から入る。

相場の流れがつかめれば順張りが安心

　ＦＸのトレードには、「順張り」「逆張り」の２つの方法があります。

　「**順張り**」は、**トレンドの流れに乗って利益を得る方法**です。トレンド相場は、買い手と売り手の力がどちらかに大きく偏っている状態ですので、**買い手と売り手どちらが強いか見極め、その力を追い風にする**方が利益を得やすくなります。つまり、上昇トレンドなら「買い」、下降トレンドなら「売り」です。初心者には相場の細かい動きを読むのは難しいですが、順張りであればトレンドの大きな流れがつかめれば安定して利益を得ることが可能です。

　一方「**逆張り**」は、**相場の反転を狙って売買する方法**です。上昇トレンド中に「これ以上は上がらないだろう」というラインを予測して、売りから入ります。反対に、下降トレンドのときは「これ以上は下がらないだろう」というラインを予測して、買いから入ります。トレンドはいつか必ず反転するので、それを予測して先手を打つやり方です。トレンドがないボックス相場のときは、上下のトレンドラインを目安として反転を狙います。**順張りと逆張りはまったく反対で**、順張りでの買いのタイミングは逆張りでの売りのタイミングになります。

相場の流れを予測して取引する

　ＦＸでは「買った通貨を売る」「売った通貨を買い戻す」のが取引の基本です。

　「買い」で入ってそのまま保有している状況を「**買いポジション（ロングポジション）を持つ**」といい、「売り」で入ってそのまま保有している状況を「**売りポジション（ショートポジション）を持つ**」といいます。

　ドル／円で取引する場合、たとえば、１ドル100円が102円に上がったときに、**この流れが続くことを予測して買いポジションを持つのが順張り**です。一方、105円が100円に下がったときに、**そろそろトレンドが反転するだろうと予測し、買いポジションを持つのが逆張り**です。

　どちらの方法が有効か知るためには、相場の現状を把握することが重要です。

儲けのツボ！

順張りと逆張りは自身の性格で向き不向きがある?

順張り向き

逆張り向き

一般的に順張りはトレンドに従う取引なので流れに身を委ねられるタイプの性格が、逆張りはトレンドに逆らって取引するので己の判断力・分析力を最後まで信じられるタイプの性格が向くといわれる。自身の性格に合う取引方法を選ぶことも大切だ。

トレンドラインを使った
売りどき・買いどきの戦略

ずばりポイント トレンド中はトレンドラインと
ぶつかるところが売買の狙い目！

トレンド相場での戦略は順張り

トレンドが発生しているときは、上昇トレンドで買い、下降トレンドで売る順張りでトレードする。トレンドの中で一時的な相場の上昇、下落のタイミングを狙って「押し目買い」「戻り売り」するのが基本戦略。

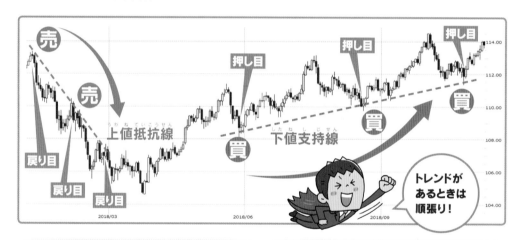

上昇トレンド

価格が**一時的に値下がり**し、
チャートに**谷ができた部分**で「**買い**」。

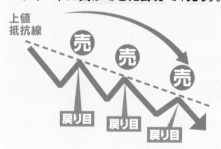

下降トレンド

価格が**一時的に値上がり**し、
チャートに**山ができた部分**で「**売り**」。

トレンドライン付近が売買のポイント

トレンド相場での基本的な戦略は、順張りです。上昇トレンドでは下値支持線とぶつかったときが安値、下降トレンドでは上値抵抗線とぶつかったときが高値となります。つまり、**各ライン付近が安く買い、高く売るための狙い目となる価格帯**ということです。

上昇トレンドの場合、**安値を結んだ右上がりのラインが下値支持線**になります。つまり、上昇トレンド中に価格が下落した場合でも、下値支持線付近で価格が止まり、反発しやすくなるということです。

下降トレンドの場合は、**高値を結んだ右下がりのラインが上値抵抗線**になります。下降トレンド中に価格が反発しても、上値抵抗線付近で抑えられる可能性が高いということです。

実際「下値支持線まで下がったら買おう」「上値抵抗線まで上がったら売ろう」と考える人は多く、その人たちの売買によって**各ラインで価格が反転するケースが多い**といえます。

トレンドに乗り遅れた人や、もっと買い増し（売り増し）たいと考えている人も、上値抵抗線や下値支持線を売買の目安にしてみるとよいでしょう。

押し目買い、戻り売りを狙う

トレンド相場は、全体としてゆるやかに上昇したり下降したりしているなかで、細かな上げ下げを繰り返しています。その細かなジグザグを目安に売買する手法が「押し目買い」と「戻り売り」です。

全体的に上昇している相場で、**一時的に値下がりし、谷ができた部分が「押し目」**です。トレンドラインをひいたときに下値支持線により近づいている部分になります。上昇トレンド中の価格は、下値支持線で跳ね返ることが想定されますので、この**「押し目」で買いエントリーする**ことで、再び上昇したときに利益を上げることができます。

その反対に、**下降トレンド中にできた山の部分が「戻り目」**です。「戻り目」では売りでエントリーし、後に買い戻すことで利益を上げることができます

儲けのツボ！

押し目・戻り目が
出ないなら
次の出現まで待つべき

出ないな…

「押し目待ちに押し目なし」という相場の格言がある。押し目や戻り目を待っていても、出ないときは出ないということ。あせって売買せず、新たな押し目・戻り目の出現まで待つべきだ。

2本のトレンドラインでわかる！ ボックス相場の売買ポイント

ずばりポイント 上値抵抗線に近づけば売り！
下値支持線に近づけば買う！

ボックス相場での戦略は逆張り

ボックス相場のときは、相場の反転を狙って売買する逆張りでトレードする。ただし、逆張りは見込み違いで大きな損失になることがあるので、十分注意が必要。

トレンドのない
ボックス相場では
逆張りが
基本戦略なんだ

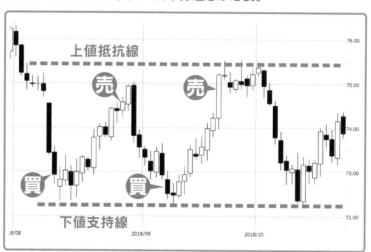

上値抵抗線

売　売

買　買

下値支持線

18/08　　2018/09　　2018/10

76.00
75.00
74.00
73.00
72.00

ボックス相場の逆張り

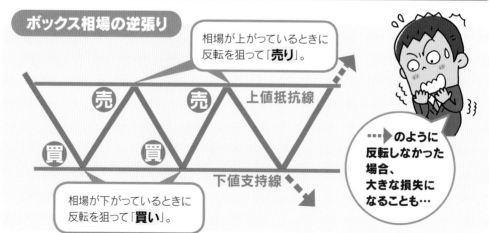

相場が上がっているときに
反転を狙って「**売り**」。

売　売　上値抵抗線

買　買　下値支持線

相場が下がっているときに
反転を狙って「**買い**」。

→のように
反転しなかった
場合、
大きな損失に
なることも…

下限で買い、上限で売る「逆張り」で売買

ボックス相場のような保ち合い（→P52）では、一定の価格帯の中で上下を繰り返すので、高値と安値の目安がつけやすくなります。その目安をつけるには、**下値支持線**と**上値抵抗線**を使います。

たとえば、価格が100円付近で何度か反発しているのであれば、その下値支持線を底値の目安とします。また、価格が150円付近で何度か反落しているなら、そこに上値抵抗線を引き、天井と考えます。ボックス相場の値動きは天井と底の間に収まりますので、下値支持線と上値抵抗線を両方描き入れます。

一定の値幅の中で価格が上下するボックス相場では、上値抵抗線を値動きの上限、下値支持線を下限として天井と底値を見極めることができれば、価格の反転を狙って**下値支持線付近で買い、上値抵抗線付近で売る「逆張り」が有効な基本戦略**となります。

ただし、逆張りは値動きに逆らって売買する方法です。いずれ上下どちらかのラインを抜いてトレンドが発生しますので、そのときに大きな損失とならないように、**「ロスカット」する価格を決めておくことが大切**です。

 ## 損失拡大を防ぐ「ロスカット」は必須

ロスカットとは、損失が拡大するのを回避するため、**損失を覚悟で決済することで、「損切り」**とも呼ばれます。

トレンドが発生すると、しばらくは一方向への動きが続きます。買いポジションを持った後に下がってしまったり、売りポジションを持った後に上がってしまったりと、予想と反対方向に動きだすと、損失が大きな額になってしまう可能性があります。

投資家の心理としては、「すこしガマンすればすぐに戻るかもしれない」「まだ大丈夫」などと思いがちです。そうしているうちにズルズルと損失が拡大し、最悪な事態に陥ってしまうことも。そのため、ポジションを持つときには、**相場がどこまで逆方向に行ったらロスカットするのかを決めておきましょう。**

儲けのツボ！
ボックス相場は比較的安全に儲けられる

FXトレードをしているとトレンド相場の方に目が行きやすいが、FXでは、少額でも利益を確定していくボックス相場での売買が大切だ。トレンド相場に乗って大きく儲けることもよいが、比較的安全・着実に儲けられるボックス相場でも売買をできるようになろう。

トレンド発生のサイン！ボックス相場のブレイクとは？

ずばりポイント ボックス相場の上限、下限を抜けたら順張りの売買に切り替える！

ブレイクは強力な売買シグナル

上値抵抗線（うわねていこうせん）と下値支持線（したねしじせん）の間を上下していた相場が、高値・安値のどちらかを割ってラインを突き抜けることを、ブレイク（ブレイクアウト）という。

短時間で大きな値動きにつながる可能性が高いから売買チャンスになるんだ！

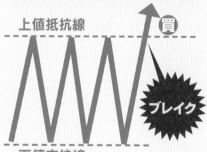

上限や下限を抜けるとトレンドが発生

　ボックス相場は、トレンドとトレンドの合間に発生します。基本的な考え方としては、ボックス相場の上限である**上値抵抗線を超えたら上昇トレンド**が発生し、下限である**下値支持線を下に抜けたら下降トレンド**が発生します。

　このように、価格が上下どちらかのラインを抜けることを**ブレイク（ブレイクアウト）**といいます。

　保ち合いがブレイクアウトしたら、**トレンドに乗って売買する順張りに戦略を切り替えます**。順張りは、買い手または売り手の強い方の力に乗って利益を伸ばしていく方法ですので、値動きに逆らう逆張りよりもリスクが小さくなります。また、市場では**大相場**と呼ばれる大きなトレンドが発生することがあり、そのトレンドに乗ることによって大きな利益を得られることも考えられます。

　ただし、トレンド発生から時間が経つほど値動きの勢いが弱くなり、再びボックス相場に戻る可能性が高くなります。そのため、**できるだけ早くボックス相場の終わりとトレンド発生を察知することが重要**です。

　そのためにも、上値抵抗線と下値支持線のブレイクに注目しておくことが大事なポイントといえます。

ブレイク後はトレンドの勢いが増す

　ボックス相場からのブレイクは、**売り手と買い手の力のバランスが大きく変わるターニングポイント**です。

　ボックス相場のときは、上値抵抗線や下値支持線に近づくほど反転する可能性が増します。しかし、一度どちらかのラインを抜けると、**抜けた方向に動く力が強くなります**。なぜ強くなるかというと、ブレイクを待ち、トレンドに乗ろうと考えている人たちが、ラインを抜けたタイミングで順張りしてくるからです。また、ボックス相場の上限や下限で逆張りした人たちは、**トレンド発生によって損失が膨らむのを避けるため、逆張りしたポジションをロスカット**します。その力も加わり、ブレイクした方向への値動きが余計に強くなるのです。

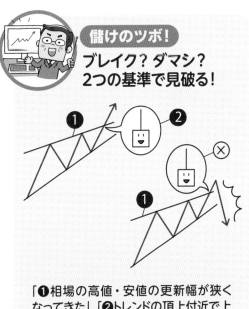

儲けのツボ！

ブレイク？ ダマシ？
2つの基準で見破る！

「❶相場の高値・安値の更新幅が狭くなってきた」「❷トレンドの頂上付近で上（下）方向の長いヒゲが出た」。これらが併せて出現すると、そのブレイクが「ダマシ」ではない可能性はより高まる。

ブレイクでトレンド転換のパターンを見つける

ずばりポイント ダブルトップ・ダブルボトムはトレンド転換のシグナル！

2回以上の反発に注目！

天井、底値で2回以上反発すると、トレンドが発生する可能性が高まる。

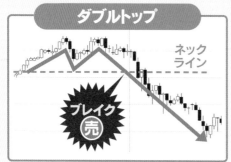

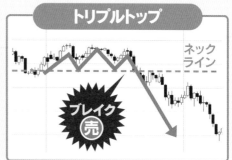

最初の「山」から反発した底値がネックライン。
反発を繰り返した後、**ネックラインを越えたら「売り」のシグナル。**

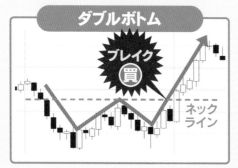

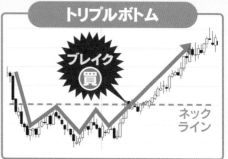

最初の「谷」から反発した高値がネックライン。
反発を繰り返した後、**ネックラインを越えたら「買い」のシグナル。**

投資家の心理で価格の勢いの強弱が決まる

上昇トレンドの天井付近で価格が反発して2つの山を形成し、「M」の形のチャートが現れることがあります。これを「**ダブルトップ**」といいます。3つの山ができると「**トリプルトップ**」になります。2度、3度にわたって高値ではね返されていると、投資家はこれ以上の値上がりは期待できないと考えるようになり、買いの勢いが弱まります。その反動で売りの勢いが増し、**大きく値下がりする可能性があるのです**。価格が2度3度とはね返された後に、最初の山から反発した底値の位置（**ネックライン**）を下に**抜けたら「売り」のシグナル**です。

逆に、下降トレンドの底付近で価格が反発して2つの谷を形成し、「W」の形のチャートが現れることがあります。これを「**ダブルボトム**」といいます。3つの谷ができると「**トリプルボトム**」になります。2度、3度にわたって価格が反転するということは、これ以上は下がらないと安心する投資家が多くなり、買いの勢いが増し、上値抵抗線を抜けて**大きく上昇していく可能性があります**。ダブルボトム、トリプルボトムの場合は、最初の谷から反発した高値の位置がネックラインです。**ネックラインを上に抜けたら「買い」のシグナル**です。

三角保ち合いは辺の角度が大事

三角保ち合いは、下値支持線と上値抵抗線がだんだん近づくボックス相場で、価格の値幅も小さくなっていきます。最終的には値幅がなくなり、**上下どちらかにブレイクすることによってトレンドが発生**します。上に抜ければ上昇トレンド、下に抜ければ下降トレンドです。

また、高値が下がり、安値が同じくらい上がっている二等辺三角形に近い三角保ち合いは、買い手と売り手の力が拮抗している状態で、どちらに抜けるかわかりません。一方、上下どちらかのラインが水平か、水平に近い三角保ち合いは、一方のラインを突き抜ける可能性が高くなります。つまり、**三角形の傾きによって、上下どちらに抜けるかのシグナルが見えてくる**といえるのです。

三角形の傾きで 売買ポイントを予想する

三角形型

上値抵抗線が水平の場合は上に、下値支持線が水平の場合は下に抜けやすい。

ウェッジ型

下向きに傾いている場合は上に、上向きに傾いている場合は下に抜けやすい。

対称三角形型

上下どちらに抜けるかの判断が難しい。

売り手・買い手の心理で底値と天井の目安をつける!

 **ずばりポイント** 大きなブレイクの後は、上値抵抗線と下値支持線の役割が入れ替わる!

役割転換＝ロールリバーサル

ロールリバーサルとは、トレーダーの心理により引き起こされる現象で、同じライン上で上値抵抗線が下値支持線に、もしくは下値支持線が上値抵抗線に変化することをいう。

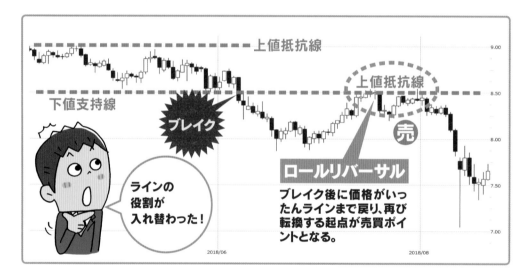

上値抵抗線

下値支持線

ブレイク

上値抵抗線

売

ロールリバーサル

ブレイク後に価格がいったんラインまで戻り、再び転換する起点が売買ポイントとなる。

ラインの役割が入れ替わった!

2018/06　2018/08

9.00　8.50　8.00　7.50　7.00

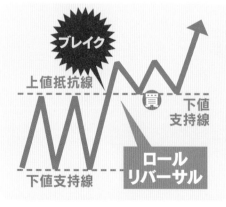

ブレイク
上値抵抗線
買　下値支持線
下値支持線
ロールリバーサル

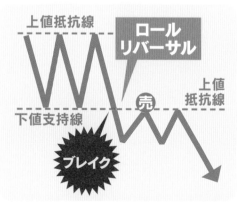

上値抵抗線
ロールリバーサル
下値支持線
売
上値抵抗線
ブレイク

✏️ ブレイクによってラインの役割が変わる

上値抵抗線と下値支持線が平行になっているボックス相場では、**価格がどちらかのラインを抜けることにより、各ラインの役割が入れ替わります。**

まず、価格が各ラインをブレイクするということは、その時点で**下値支持線のサポート力、または上値抵抗線の抵抗力がなくなった**ということです。各ラインをブレイクすると順張りでエントリーする人が増えます。上値抵抗線を超えた場合は、その付近で新たに買いポジションを持つ人が増えます。ブレイクで買いそびれた人も、ブレイクした価格を意識し、その水準まで価格が下がってきたときに買おうと考えます。

結果、ボックス相場で上値抵抗線だった価格帯で買い手が増え、**上値抵抗線だったラインが下値支持線として機能するようになるのです。**

ボックス相場を下に抜けた場合も同じです。ボックス相場の安値を支えていた下値支持線は、ブレイクすることによって**価格の戻りを抑える上値抵抗線に変わります。** このように、**ブレイクによって各ラインの役割が変わる**ことを「ロールリバーサル」といいます。

✏️ ブレイク後もトレンドラインは消さない

ロールリバーサルは、各ラインが示している価格が同じままの状態で、役割だけが逆になります。**値動きの範囲が一段上または下に移動する**と考えるとわかりやすいかもしれません。

かつての上値抵抗線は、値動きが一段上に移動したボックス相場で下値を支えます。ブレイクした価格が下落してきた場合、そのラインで止まる可能性が高くなるため、**新たな相場での買値の目安になります。**

下値支持線も同様、値動きが一段下に移動した相場では、**価格が戻ってきたときの売値の目安になります。**

このような使い方ができるため、チャート上に描いた上値抵抗線や下値支持線は、ブレイク後もしばらく残しておくようにしましょう。

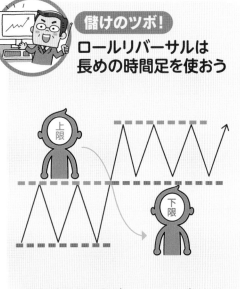

儲けのツボ！

ロールリバーサルは長めの時間足を使おう

短い時間足の方が、ロールリバーサルがしばしば現れるように見える。しかし実は、多くのトレーダーの意識が反映される長い時間足のラインで見た方が、ロールリバーサルの信頼度は高い。

基本戦略が通用しない？
売買サインの「ダマシ」とは？

ずばりポイント 売買サインが出た後に
まったく逆の動きをすることがある！

避けることが難しいチャートの「ダマシ」

「ダマシ」とは、売買サインが出たにもかかわらず、その逆に相場が動くこと。

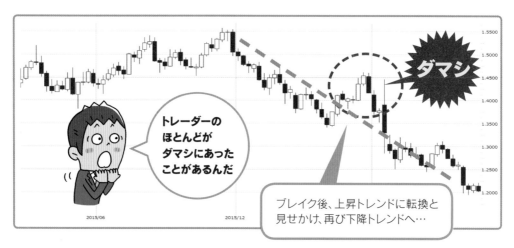

ダマシ

トレーダーの
ほとんどが
ダマシにあった
ことがあるんだ

ブレイク後、上昇トレンドに転換と
見せかけ、再び下降トレンドへ…

2015/06　　　　2015/12

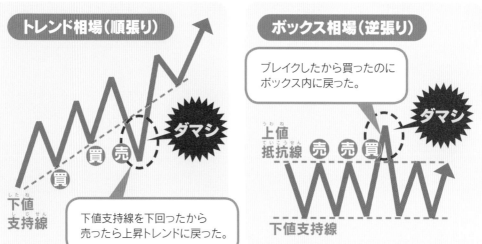

トレンド相場（順張り）

ダマシ

買　売　買

下値
支持線

下値支持線を下回ったから
売ったら上昇トレンドに戻った。

ボックス相場（逆張り）

ブレイクしたから買ったのに
ボックス内に戻った。

ダマシ

上値
抵抗線　売　売　買

下値支持線

売買のサインには「ダマシ」がある

トレンドラインは、多くの投資家が売買の判断に使っています。多くの人が使っているということは、それだけ反発・反落のサインとして信頼度が高いということです。

たとえば、「上値抵抗線に当たったら売ろう」と思っている投資家が多いほど、上値抵抗線で反落する力が強くなります。「ブレイクアウトしたら買おう」と思っている投資家が多いほど、ブレイクした後で上昇する勢いも強くなります。

しかし、**必ずしもトレンドラインを使った売買が成功するとは限りません。**

為替レートは、その時々の経済状況や、買い手と売り手のバランスなど、さまざまな要因によって無作為に動いています。そのため、「ボックス相場では上値抵抗線で売る」「ブレイクしたら買う」といった**基本戦略が通用しない場合もある**のです。

このように、指標から読み取れるサインが機能しないことを、「**ダマシ**」といいます。ダマシは、**トレンドライン以外の指標でも発生します。**

ダマシにだまされないようにするためには、1つの指標だけを見るのではなく複数の指標を確認するなど、工夫が必要になります（→ P86）。

「ダマシ」を100%回避することはできない

チャートに現れるシグナルは100％信頼できるものではなく、**シグナルが現れた後にチャートが想定外の動きをする**こともあり得ます。チャート分析をする投資家の誰もがダマシに引っかかった経験があるといえるでしょう。

特に、**トレンド転換の直後はダマシが多く現れる傾向**にあります。投資家の心理が「売り」と「買い」で迷いがあるときには、当然チャートにもその迷いが反映されます。

投資家にとってダマシは逃れられないものです。ダマシに引っかかったときは、**次に同じようなパターンが現れた場合に気づけるように、そのチャートを検証することが大切**です。だまされた経験を、ダマシ回避に生かしましょう。

儲けのツボ！

ダマシの少ない?
シグナル「三尊天井」

三尊天井は、真ん中の山が高いトリプルトップ（→ P60）の形。信頼性の高い「上昇トレンド終了」のシグナルで、ダマシが少ないといわれている。ただし、注目している人が多い分、ダマシが出現したときのリバウンドの勢いも大きくなるので注意しよう。

相場は確率に賭ける
ゲームである

　相場に対するアプローチの手法は、フィーリング（第六感）、著名人の推奨、ファンダメンタルズ分析、テクニカル分析、自動売買などの数学的手法、果ては精神論にいたるまで、本当にいろいろあります。百花繚乱ですが、これらはすべて相場を認識する（売りか買いかを判断する）問題解決プロセスであるということに変わりはないのです。

　相場を正確に予測することは誰にもできません。それは人間業ではないのです。相場で成功するのに普遍的な売買手法などはありません。そのような手法が存在し皆がそれをやれば、売買が成立しないからです。したがって、破産しないための取引ルールや規律は必要ですが、基本的には各人が「自分に合った売買手法」を見つければよいのです。

　相場のセミナー講師などをやると、必ず「○○は買いですか、売りですか」「○○はどこで買ったらよいですか」「儲かる売買手法を教えてください」という質問をされます。いつの世も「必ず儲かる方法はないか？」という投資家のニーズは非常に強いのですが、そのようなゴールデンルールはありません。

　「相場をどう認識するか？」という手段の1つとして、テクニカル分析の手法を理解することは不可欠です。

　私は30年近く相場の世界に身を置いていますが、システマティックなアプローチと損切りを使わないと、相場で長期的に利益を上げることは難しいと思っています。私のたどり着いた結論は、相場とは確率に賭けるゲームであり、その確率の優劣でパフォーマンスが決まるということです。

　相場は「買い」と「売り」、あるいは「利食い」と「損切り」だけのシンプルなゲームです。投機であれ金利取りであれ、相場の要諦は「防御」であり、「資産管理」が命なのです。

chapter **3**

自分の
投資スタイル
を決める

トレードで勝つためには タイミングが一番大事!

ずばりポイント 値動きの方向性を踏まえた上で、儲かる売買の「タイミング」を探す!

勝つために売買のタイミングをつかむ

勝つためにはトレンドを把握することが大切。ただし、方向性よりもエントリーのタイミングを間違えないようにすることが大事。

今の価格が安いとわかっていてタイミングよく売買した🅐に対し、🅑は今の価格を意識しておらず失敗。ロスカットも考えてなかった。

 ポイント1 未来の価格だけでなく今の価格を考える!

FXの取引は、安いときに買い、高いときに売るのが基本。**今の価格が高いか安いか**をわかっていなければ、十分に利益を得られないだけでなく、結果的に損失になってしまうこともある。

 ポイント2 損が出たときにどうするか考えておく!

FXの取引では、相場の予想は当たるよりむしろ外れることの方が多い。**ロスカットのラインを決めておく**など、予想が外れて損失が出てしまったときの対処法をあらかじめ考えておくことが大切だ。

今の相場に方向性があるかどうかを考える

チャートを見て値動きの方向性をつかんだら、次は売買するタイミングを探します。この**タイミングが利益獲得につながる非常に重要なポイント**です。

ＦＸの取引は非常にシンプルで、**買って売る（ロングポジション）**か、**売って買い戻す（ショートポジション）**の２通りしかありません。ロングの場合は、売るときに価格が上がっていれば利益が出ますし、ショートの場合は、買い戻すときに価格が下がっていれば利益が出ます。

方向性の把握が重要なのは、決済するときの価格が今の水準より高くなるか、安くなるか予測できるようになるからです。ただし、それだけでは利益は出ません。ＦＸの利益は、決済するときの価格と今の価格の差から生まれるので、**未来の価格を予想するだけでなく、今の価格が高いか安いか分析する必要もある**のです。仮に価格が上がっていくとわかったとしても、高いときに買ってしまうと利益は少なくなり、負ける可能性も出てきます。逆に、方向性が不明でも、安く買うタイミングがつかめれば勝てることがあります。

テクニカル分析は方向性を見るとともに、**勝てる売買のタイミングをつかむ手段として重要な方法**なのです。

タイミングを外した時の損失を想定しておく

値動きの予想を当てることは、考え方によっては実はそれほど難しくないことなのです。たとえば、今のドル円の価格が100円で、下がると予想します。１週間後が101円ならその時点では外れですが、１年後に99円に下がっていれば、そのときは当たりになります。つまり、**時間軸を変えればどんな予想でも当たる**といえるのです。

難しいのは、**勝てる売買のタイミングをつかむ**ことです。100円から下がると予想して売った場合、101円になったときに損失が発生します。いずれ99円に下がるとしても、証拠金がなくなれば次のトレードはできません。要は**タイミングを外したときにどうするか決めておくことが大切**です。

長期で見れば
どんな予想も当たる？

時間軸を定めなければ、予想はだいたい当たる。重要なのは、ポジションを保有する期間を想定した上で、その期間で勝てるエントリーのタイミングを探すことだ。

大きく損をしないために対策を講じておく!

ずばりポイント ロスカット（損切り）を徹底して、資金が大きく減るのを防ぐ!

しまった! と思ったら迷わずロスカット

価格は常に上下するため、損失が出ても戻ることもある。ただし、それがいつかはわからず、それまでの間に強制ロスカットになることもありえる。

ロスカットラインを決めて資金を守る

　売買のタイミングを誤ると、大きく損をする可能性があります。損をしないための防衛策が、**ロスカット（損切り）**（→ P59）です。

　ＦＸのポジションは、**証拠金が不足したときに強制的にロスカット**されます。証拠金とは、通貨を取引するときに必要な資金のこと。強制ロスカットは、口座内の資金を超える損が出ないようにするための措置です。

　強制ロスカットの状態に達すると、次の取引の資金が足りず、トレードできなくなります。つまり、その手前で**自分なりのロスカットラインを決め、資金を守る必要がある**のです。

　たとえば、１ドル100円のときに１万ドル分を売買するためには、4万円の証拠金が必要な業者もあります（業者により異なります）。この金額を割り込むと次のトレードができなくなるため、残高4万円を割り込まないようにロスカットラインを設定します。

　特に、逆張りしてポジションと逆方向にトレンドが出た場合は、**一方的に損失が膨らんでいく可能性**があります。そのような状況に追い込まれないように、ロスカットを徹底することが重要です。

　仮にロスカットして資金が減っても、証拠金が残れば次のトレードができ、資金を再び増やすことができます。

「含み益」「含み損」には冷静に対処する

　取引にエントリーしてポジションを持っている間、価格の変動により利益・損失が発生します。この未確定の損益を「**含み益**」「**含み損**」といいます。

　価格は常に上下するため、一時的に含み損が発生していたとしても、相場が跳ね返って損失が消えることもあります。ただし、それがいつ起こるかはわかりません。含み損が発生しても「いつか回復するだろう」と考え、**決済のタイミングを逃している間に損失が大きくなり、強制ロスカット**になることも。

　含み損がいくらになったらロスカットをするか、**自分なりのルールを明確に**して、強制ロスカットを未然に防ぐようにしましょう。

「含み益」「含み損」は決裁前の損益のこと！

FX取引では、ポジションを保有している間の損益は未確定。決済をして初めて損益が確定する。

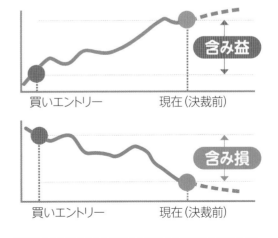

デイトレなど短期トレードで勝つために重要なことは？

ずばりポイント

取引回数を増やして細かく利益を積み重ねる！

細かいエントリーが短期売買の基本戦略

1日単位で売買するデイトレードや、分・時間単位で売買するスキャルピングは、1回あたりの利益は小さくなるが、回数を重ねることによって利益を積み重ねることができる。

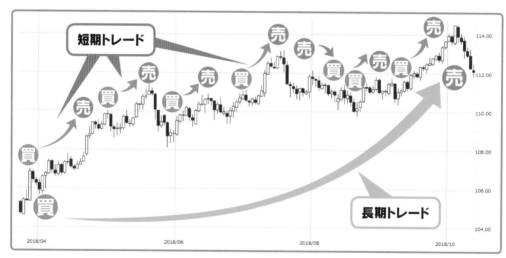

戦略 1 短い取引を繰り返す！

回数を重ねることで、リスクを分散させながら利益を積み重ねる！

戦略 2 変動率の大きい通貨を選ぶ！

値動きが大きい通貨ペアの売買で、短時間で効率よく利益を得る！

戦略 2 スプレッドのせまい業者を選ぶ！

取引回数を重ねれば重ねるだけ増える**スプレッドのコスト**を、できるだけ減らす！

ロスカットを入れながら細かく利益を積み重ねる

ＦＸで狙える利益や、効率よく稼ぐ方法は、ポジションをどれくらいの期間保有するかによって変わります。

短期トレードは、**1日単位でトレードするデイトレード**（デイトレ）と、さらに時間軸が短い**分単位でトレードするスキャルピング**という方法があります。

この2つに共通しているのは、保有期間が短いため、**相場の急騰・急落に巻き込まれる可能性が小さいこと**です。

重要な経済ニュースなどが発表されると、相場は一瞬で大きく動きます。ポジションを取る期間が長いトレードはそのようなタイミングに遭遇しやすくなり、

1回あたりの保有期間が短い短期トレードは、急騰・急落に巻き込まれるリスクが小さくなります。ただし、リスクとリターンの大きさは同じであるため、急騰・急落で大きく儲かる可能性も小さくなります。そのため、デイトレとスキャルピングは取引回数を増やし、**ロスカットを入れながら細かな利益を積み重ねていくことが基本戦略です。**

また、値動きが大きい通貨ペアほど短時間で効率よく取れる可能性が高まります。そのため、トルコリラ、豪ドル、ポンドといった**変動率が大きい通貨の方が効率がよくなります。**

実質的なコスト、スプレッドに注意

短期トレードで注意したいのは**スプレッド**（→ P13）です。スプレッドは買値、売値の差のことで、**取引にかかる実質的なコスト**といってよいでしょう。

スプレッドが大きいほどポジションを取った瞬間のマイナスが大きくなります。たとえば、スプレッド1銭のときにポジションを取ると、その瞬間にマイナス1銭になります。ドル円で1万通貨の取引なら100円のマイナスです。つまり、100円以上の利益が出ないとトータルでプラスにならないということです。

短期トレードは取引回数を増やして利益を積み重ねるため、このコストもかさみます。利益を増やすためには**できるだけスプレッドがせまい取引業者を使うことが重要です。**

儲けのツボ！

スプレッドが広がる前にポジションを決済する

通常はスプレッドが小さくても、早朝や祝日など相場全体の流動性が低いときや、重要な経済指標が発表されレートが急変したときにはスプレッドが広がるときがある。そんなときにはポジションを手じまいしておくのがベターだ。

忙しい人でもやりやすい！
スイングトレードのやり方

ずばりポイント 相場を見続ける必要性が低く、トレンドに乗って大きく稼げる！

長めの保有で順張りが基本戦略

スイングトレードは、トレンドに乗って利益を伸ばすのが基本戦略。トレンドがあるときに有利な方法であり、保ち合い相場のときは利益が出しにくい。

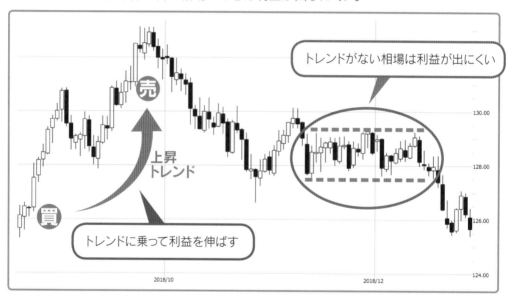

トレンドがない相場は利益が出にくい

売

上昇トレンド

買

トレンドに乗って利益を伸ばす

130.00
128.00
126.00
124.00

2018/10　　2018/12

メリット1 デイトレードほど相場を細かく見なくていい

取引中ずっと画面を見ている必要がなく、時間が限られている人でも空いている好きな時間にチェックすればOK。

メリット2 トレンドをとらえると大きく儲けられる！

トレンドの発生と終了のサインをしっかりとらえれば、多少の価格変動に左右されることなく取引できる。

トレンドの発生と終了をとらえることが重要

デイトレードより保有期間が長いトレードは、**スイングトレード**と呼ばれています。短期トレードに分類されますが、デイトレのように1日単位での決済はせず、**1週間から長くて1か月くらい持ち続けてから決済します**。

デイトレやスキャルピングと比べると、**スイングトレードは相場を細かく見る必要性が低くなります**。そのため、仕事をしている人などにも向いていますし、取引回数も少なくなるため、スプレッドによるコスト負担も小さくなります。

また、トレンド相場をとらえた場合は、そこから**一定期間持つことによって大き**く利益を伸ばせる可能性があります。そのため、標準偏差ボラティリティ（⇒P116）やDMI（⇒P118）などによって、トレンド発生のサインをつかむことが重要になります。また、トレンド発生を確認したら、多少の価格の上下に動じることなく、**トレンド終了のサインが出るまでしっかり保有することも重要**です。

言い方を変えると、**保ち合い相場のときはスイングトレードの旨味がない**ということです。また、相場はたまに急落・急騰しますので、**ポジションと逆方向に動いたときに、ロスカット**することも重要です。

まずは大きなトレンドを確認する

デイトレ、スキャルピング、スイングなどの短期トレードは、**基本的には期間が短いローソク足を見て売買のタイミングを考えます**。スキャルピングなら1分足、デイトレードなら5分足や15分足、スイングトレードなら1時間足や日足などを使うと、値動きの流れや方向性がつかみやすくなるでしょう。

しかし、短期トレードに長い時間のローソク足が不要ということではありません。価格は、週や月といった長い期間のトレンドに乗りながら、その中で細かく上下しています。そのため、**まずは月足や週足で方向性を把握しておくことが大切**です。

トレンドに乗るスイングトレードの場合は特に、**大きなトレンドを確認してからの方が売買の判断がしやすくなります**。

短期トレード3種の特徴

スタイル	保有期間	トレード回数	時間軸
スキャルピング	数秒～数分	1日に何度も	1分足～5分足
デイトレード	数時間～1日	1日に0～2回	5分足～1時間足
スイングトレード	数日～数週間	1週間に0～1回	1時間足～日足

中長期で儲けるために重要！
スワップポイントの活用法

通貨ごとの金利差に注目して、スワップポイントを積み重ねる！

スワップポイントは毎日発生する

スワップポイントとは、売買する通貨ペアの金利差の調整分として、金利が高い通貨の買い手に支払われる調整額のこと。毎日支払われるため、長期で保有するほど買い手の利益は増え、売り手の損は増えていく。

● 低金利通貨を売って高金利通貨を買う ▶▶ **スワップポイント受取**
● 高金利通貨を売って低金利通貨を買う ▶▶ **スワップポイント支払**

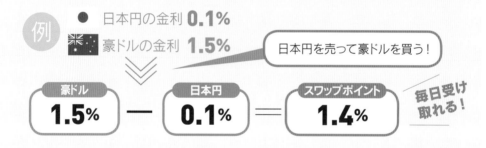

例
● 日本円の金利 **0.1%**
🇦🇺 豪ドルの金利 **1.5%**

日本円を売って豪ドルを買う！

豪ドル		日本円		スワップポイント
1.5%	―	**0.1%**	＝	**1.4%**

毎日受け取れる！

保ち合い相場でも利益が得られる

保ち合い相場で価格変動による利益がなくても、毎日のスワップポイントを受け取ることができる。金利が高い通貨の買いポジションを持っていれば資産は着々と増える。

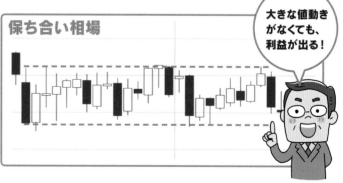

保ち合い相場

大きな値動きがなくても、利益が出る！

スワップポイント狙いで長期保有

中期、長期のトレードは、月単位以上の期間を想定して保有します。ポジションを持ったら基本的には持ちっぱなしにするので、スイングトレードよりチャートを見る頻度が低く、スプレッドの心配もほとんど不要です。また、外貨を長期保有できることも大きなメリットです。ＦＸには、「**スワップポイント**」と呼ばれる利益があるからです。

スワップポイントは、通貨ごとに異なる**金利差の調整分**で、**金利が高い通貨を持っている人が受け取り、金利が低い通貨を持っている人が支払います**。たとえば、豪ドルの金利が1.5%、円の金利が0.1%だった場合、その差の1.4%が豪ドルの買い手に毎日支払われます。スワップポイントが100円だった場合、買いポジションを持っているだけで毎日100円ずつ資金が増えるのです。逆に、金利が高い通貨の売りポジションを持つと、毎日スワップポイントを支払わなければなりません。長期になるほどスワップポイントの総額も大きくなるため、長期投資では円など**低金利の通貨を売り、高金利の外貨を買う人が増えます**。

ポジションを翌日に持ち越さないデイトレやスキャルピングでは、スワップポイントは発生しません。

高金利の通貨は値動きが大きくなりやすい

このように金利差を狙うトレードを**キャリートレード**といいます。キャリートレードで重要なのは、ペアにする通貨の金利差ですので、低金利の状態が長く続くと思われる米ドルや円などを売る人が多くなります。

一方、買う通貨の方は高金利であることが条件です。そのため、豪ドル、ＮＺドル、南アランドなどが人気です。ただし、**高金利の通貨は値動きが大きく、価格変動によってマイナスになることがあります**。キャリートレードで高金利の通貨を保有していた人がリスク管理のためにいったん売り、その結果、価格が大きく下がることもあります。

そのため、短期トレードほどシビアではありませんが、長期トレードでも**ロスカットラインの設定が大事**です。

儲けのツボ！

スワップポイントも長期保有には注意！

保有する通貨が下落した場合、含み損がスワップポイントの利益よりも大きくなってしまうことがある。スワップポイントの利益を狙うときも、こまめな確認が大切だ。

損をしない タイミング 利益確定の の見極め方

ずばりポイント チャートのトレンド指標を重視して、早売り、売り遅れを防ぐ！

心理に惑わされずサインで判断

テクニカル分析を使った売買は、チャートが示すサインでエントリーし、チャートが示すサインで決済（利益確定）するのが基本。根拠のない自分だけの感覚（値ごろ感）で見てしまうと、取れたはずの利益を逃してしまう。

チャート上で決済のサインは出ていないが、利益が増えると売りたくなってしまう。すると、得られたはずの利益も逃してしまう。

売
そろそろ利益確定しよう

持っておけばよかった…

買
うまくトレンドに乗れた！

逃した利益

獲得した利益

エントリーする理由だけでなく、決済するときの理由もあらかじめ考えておくことが大切。

例
- 買 移動平均線（→P104）やMACD（→P107）のゴールデンクロスで買う。
- 売 移動平均線やMACDのデッドクロスで売る。
- 買 標準偏差ボラティリティ（→P116）やADX（→P118）が上昇したら買う。
- 売 標準偏差ボラティリティやADXが下落したら売る。
- 買 ボリンジャーバンド（→P132）の1σを抜けたら買う。
- 売 ボリンジャーバンドの1σに戻ったら売る。

値ごろ感を捨てて売買サインに集中する

ＦＸトレードで重要なタイミングは以下の3つです。

・・・・・・・・・・・・・・・・・・・・・・・・・・

１：エントリーのタイミング
２：利益確定（決済）のタイミング
３：ロスカットのタイミング

・・・・・・・・・・・・・・・・・・・・・・・・・・

１は、**チャート上のサインなどを見つけていく**ことにより正確度が高くなるはずです。２は、トレンド終了のサインや決済のサイン（買いポジションなら売りサイン、売りポジションなら買いサイン）が出たときです。しかし、なかなかその通りには実行できません。たとえば、トレンドに乗って利益が出ると、ほとんどの人は目の前の利益を確定したくなります。結果、早売りになり利益を取り損ねます。逆に、トレンド終了のサインが出ていることに気づいたとしても、「もっと儲かるかもしれない」と考え、その結果、トレンドが変わり、利益を減らしてしまいます。

テクニカル分析を使うのであれば、サインに従って売買しなければならないでしょう。自分が売りたいと思っても、売りサインが出ていなければ売りどきではありません。売りたくないと思っても、売りサインが出たら売りどきです。

自分の買値は相場と関係ない

チャートに出るサインをつい無視してしまう理由の１つが、今の価格や値動きを「**値ごろ感**」で見てしまうことです。先週まで100円だった価格が102円まで上がれば「高い」と感じます。しかし、102円で売買されていれば102円で買っている人がいます。**自分は「高い」と感じるかもしれませんが、市場の買い手は高いと感じていない**ということです。

相場は自分の買値を知りません。いくら利益が出ているかわからず、得しているか損しているかも知りません。つまり、**目の前の相場は、自分の取引状況とはまったく関係ないところで動いている**ということです。自分の買値や含み益を気にするより、相場が今の価格をどう見ているか考えることが重要です。

儲けのツボ！
ロスカットすることで勝つ「コツコツドカン」

「値ごろ感」でのトレードでは、コツコツ勝ってドカンと負ける「コツコツドカン」に陥ることが多い。そうならないためには、ロスカットは必ず行い「コツコツ負けても気にせずドカンと勝つ」に変えていく必要がある。

長期的な利益につながる
かしこい決済のしかた

ずばりポイント
感情に流されずに
冷静にロスカットする！

ロスカットラインを見極める

エントリー時は上昇トレンドに見えたとしても、相場の状況は常に変わっている。トレンド終了のサインを見送ると、価格が逆行して損失が膨らむことがある。

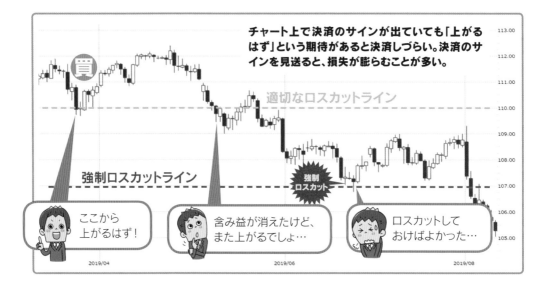

チャート上で決済のサインが出ていても「上がるはず」という期待があると決済しづらい。決済のサインを見送ると、損失が膨らむことが多い。

適切なロスカットライン

強制ロスカットライン

ここから上がるはず！

含み益が消えたけど、また上がるでしょ…

強制ロスカット

ロスカットしておけばよかった…

2019/04　　2019/06　　2019/08

ロスカットを考えるタイミング

時機 1 エントリー時

価格が逆行した場合に、いくらでロスカットするのか**あらかじめ目安**を持っておくようにする。

時機 2 含み益が消えたとき

トレンドに乗れたとしても、トレンドが変わると含み益が消えることが多い。**その時点でいったん決済**して仕切り直した方がいい。

時機 3 逆行していると気づいたとき

思い描いていた方向と違う方向に価格が動いていると気づいたときは、**損失が膨らむ前に決済**する。

「いずれ回復」と考えるのをやめる

利益確定のタイミングと同じくらい難しいのが、**ロスカットのタイミング**です。

原理原則を踏まえるなら、仮に損失（含み損）が出ていたとしても、チャート上で決済のサインが出たのであればロスカットしなければなりません。そこで**損を確定し、次のトレードに向けて仕切り直すことが大事**です。しかし、多くの人は「いずれ回復するだろう」と考え、持ち続けてしまいます。または、自分の売買判断が間違っていたことを認めることができず「たまたま逆方向に動いただけ」と考え、そのまま保有し続けます。結果、損失が膨らみ、**強制ロスカットま**で追い込まれてしまうことも多いのです。

価格は上下するので、「いずれ回復する」ときがやってくることもあるでしょう。しかし、それがいつかはわかりません。たとえば、ドル円はリーマンショックの前後から1ドル＝100円を割り込むようになり、その後、アベノミクスで日本経済が勢いづく2013年までずっと100円以下の円高水準を推移しました。「いずれ回復するとき」がくるまで4年以上もかかったわけです。ロスカットを遅らせることは、**損失が膨らむリスクを大きくするだけでなく、稼ぐチャンスを失う機会損失にもなる**のです。

逆指値注文で損失を限定する

「ロスカットしたくない」と考えるのは、感情の話であり、心理的な課題です。言い方を変えると、**感情が入らない機械的な売買ができれば、正しいタイミングでロスカットができる**ようになります。

そのための方法として有効なのが、**逆指値注文**（⇒P17）です。これは、狙った方向とは逆に動いたときに、**指定した価格で自動的に決済される**ようにしておく注文で、ストップロス注文とも呼ばれています。たとえば、1ドル100円で買って99円で逆指値しておけば、1円下がったときに自動で決済されます。つまり、損失が限定できるため、**次のトレードに必要な資金を残すことができます。**

一時的には資金が減りますが、損失が膨らむリスクを抑えることができるのです。

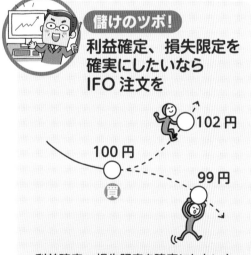

儲けのツボ！

利益確定、損失限定を確実にしたいなら IFO 注文を

102円
100円
99円

利益確定、損失限定を確実にしたいなら IFO 注文（⇒P17）も活用したい。たとえば「1ドル100円で買い、102円まで上がったら利益確定の売り、または99円まで下がったらロスカットの売り」が一度の注文で設定できる。

順張りと逆張りでは期待度が高いのはどっち？

ずばりポイント トレンドに乗って順張りする方が、大きな利益を獲得しやすい！

順張りと逆張りは正反対

価格がこの先、どう動くかわかっている人はいない。特にトレンドライン付近は、逆張りと順張りの判断が難しい。

順張り
高値ブレイクでトレンド発生だろう

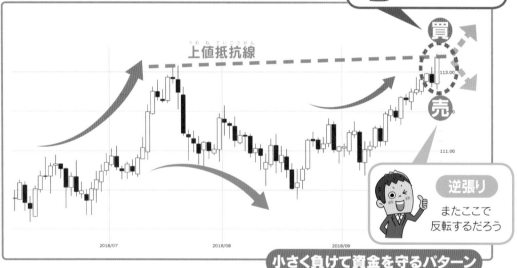

上値抵抗線

買

113.00

売

111.00

2018/07　　2018/08　　2018/09

逆張り
またここで反転するだろう

小さく負けて資金を守るパターン

順張り・逆張りの利点とリスク

順張り

利点
- トレンドに乗るので値動きが大きく、利益を得やすい。
- 値動きの流れが秩序的。
- 相場についていけばいいので、誰でもできる。

リスク
- 値動きが大きい分、反転のリスクが高い

逆張り

利点
- 値動きが小さい相場でも、利益を得やすい。
- 値動きが小さいため、リスクが少なめ。

リスク
- トレンドに乗らないので、得られる利益が少なめ。
- 相場の変動幅を当てることはできない。

✏️ まずはトレンドの有無を見分ける

実際に取引する場合は、今の相場がトレンド相場なのか保ち合い相場なのか、見分けることが重要です。

トレンド相場は、価格がどちらか一方向に動いている状態です。そのため、上がっている場合は買い、下がっている場合は売るといったように、動いている方向に乗る「**順張り**」が勝ちやすくなります。

一方、**保ち合い相場**は方向性がなく、買い手と売り手の力が拮抗している状態です。値動きが小さくなり、一定の範囲内で上下を繰り返すことが多くなるので、トレンドラインなどで上限や下限を見つけ、その付近での「**逆張り**」が勝ちやす

くなります。

順張りと逆張りはまったく反対の考え方です。トレンドライン付近での売買を例にすると、順張りなら買いですし、逆張りなら売りです。順張りで勝つ状況なら、逆張りは負けます。だからこそ、まずは**今の相場にトレンドがあるかどうか見ることが重要**です。

また、値動きの大きさで比べると、トレンド相場の方が保ち合い相場より大きくなり、狙える利益も大きくなります。そのため、エントリーのタイミングとしては**トレンド相場の方が利益が得られる期待度が高くなります**。

✏️ 方向性があるトレンド相場の方が勝ちやすい

ポジションを持つ際に頭に入れておきたいのは、**価格は基本的には無秩序に動く**ということです。このような前提に立って相場を見る考え方を、**ランダム・ウォーク理論**といいます。保ち合い相場はその典型で、上限や下限を抜けるかどうかわかる人はいません。ボックス相場のように一定範囲内で値動きするときもありますが、その上限や下限でさえ、何回かに1回はブレイクします。つまり、無秩序である以上、**値動きを正確に読み当てることは不可能**だということです。その点、**買い手か売り手の力が強いトレンド相場は、比較的秩序的**です。細かな上下はありますが、大きな流れとして上下どちらかに向いているため、**順張りの方が勝率が上がりやすくなります**。

儲けのツボ！

FX初心者なら順張りに徹する

売 売

買 買

ボックス相場のとき、逆張りでエントリーしたとしても、いつトレンドが発生してロスカットになるかわからない。FX初心者の場合には、基本的に順張りでのエントリーのみに徹しておくのがベターだろう。

相場の動向を把握するための テクニカル分析の指標とは?

 ずばりポイント 順張り型のトレンド系と、逆張り型のオシレーター系がある!

指標からトレンドの有無と売買サインを読む

テクニカル分析の指標は相場の流れを読むトレンド系と、相場の過熱感 (売られすぎ、買われすぎ) がわかるオシレーター系の2つに分類できる。

トレンド系指標(順張り型)
● 移動平均線(➡P96)
● MACD（マックディー）(➡P106)
● 一目均衡表（いちもくきんこうひょう）(➡P108)など

オシレーター系指標(逆張り型)
● RSI（アールエスアイ）(➡P126)
● ボリンジャーバンド(➡P132)
● 移動平均乖離率（いどうへいきんかいりりつ）(➡P134)など

まずはトレンド系指標でトレンドの有無を確認!

トレンドがある

トレンド系指標を確認

上昇トレンドの発生を示したとき
▶▶▶ 買サイン

下降トレンドの発生を示したとき
▶▶▶ 売サイン

トレンドが終盤に差しかかっていたら様子見ね

トレンドがない

オシレーター系指標を確認

売られすぎを示したとき
▶▶▶ 買サイン

買われすぎを示したとき
▶▶▶ 売サイン

数値が正常の場合は様子見だ

✏️ テクニカル分析の方法は2つ

テクニカル分析に使う指標は、**トレンド系指標**と**オシレーター系指標**の、大きく2つに分類できます。

トレンド系は、現在トレンドが発生しているか、上昇か下降か、勢いはどれくらいかなど、**相場の全体的な流れを読むことができる指標**です。現在の取引価格や過去の相場の動きを見て、「上昇トレンドに乗って買おう」「下落傾向だから売ろう」といった、トレンドに乗って売買する方法で使われ、「**順張り型**」とも呼ばれます。

一方、オシレーター系は、現在の相場が売られすぎなのか買われすぎなのか、相場の過熱感を見極める指標です。「売られすぎだから買おう」「買われすぎだから売ろう」といった、価格が戻ろうとする力を利用して売買するときに使われ、「**逆張り型**」とも呼ばれます。

まずは、順張り型の**標準偏差ボラティリティ**(➡P116)または**DMI**(➡P118)で、トレンドの有無を確認することをおすすめします。その結果、**トレンド期**であると確認できた場合は**トレンド系指標のサイン**(➡P94～)を、**保ち合い期**であると確認できた場合は**オシレーター系指標のサイン**(➡P124～)を分析して、売買しましょう。

✏️ エントリーミスに気づいたら、すぐロスカットを!

トレンドの有無を間違えたときのエントリーミスは、**トレンド発生時に逆張りしてしまうパターン**や、**保ち合いの上限または下限で順張りしてしまうパターン**などが考えられます。

どちらも損失を生むミスですが、保ち合いでのミスよりも、**トレンド相場で逆張りするパターンの方が、より大きな損失になる可能性**があります。

一度トレンドが生まれると、相場は上下どちらかに一方的に動きます。保ち合いでは値動きの幅がある程度決まっているのに対して、トレンド相場の値動きは目安が立てづらく、**損失が際限なく膨らむ可能性がある**のです。そのため、**トレンド相場の逆張りミスは、すぐにロスカットすることが大切**です。

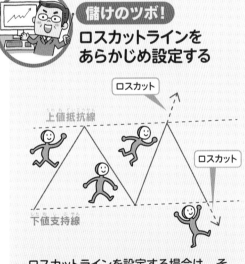

儲けのツボ！

**ロスカットラインを
あらかじめ設定する**

ロスカット

上値抵抗線

ロスカット

下値支持線

ロスカットラインを設定する場合は、その基準として、下値支持線と上値抵抗線の少し外側にしよう。それらのラインをある程度超えなければ、ロスカットせずとも相場が戻る場合も多い。

テクニカル分析の
指標の使い分け方

ずばりポイント サインが出る早さに着目して、値動きの変化を素早く察知する!

サインが出るタイミングの違いに注目

たとえば、移動平均線（→P96）とMACD（→P106）のクロスで売買サインを見ると、MACDの方が早くサインを出していることがわかる。

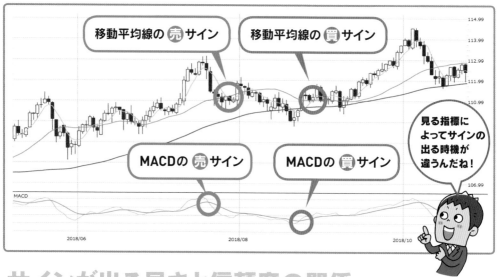

移動平均線の 売 サイン

移動平均線の 買 サイン

MACDの 売 サイン

MACDの 買 サイン

見る指標によってサインの出る時機が違うんだね！

サインが出る早さと信頼度の関係

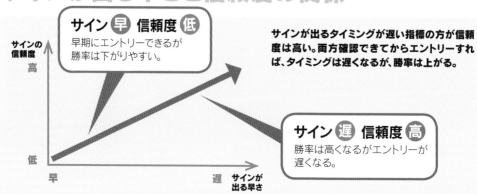

サイン 早 信頼度 低
早期にエントリーできるが勝率は下がりやすい。

サインが出るタイミングが遅い指標の方が信頼度は高い。両方確認できてからエントリーすれば、タイミングは遅くなるが、勝率は上がる。

サイン 遅 信頼度 高
勝率は高くなるがエントリーが遅くなる。

サインの信頼度

高

低

早　　　　　遅　サインが出る早さ

早くサインが出る指標を見て売買を準備

ＦＸの利益は買値と売値の差から生まれ、この差が大きいほど利益も大きくなります。

そのため、トレンド相場の順張りであれば、**トレンドの発生を早く察知する**ことが重要となり、保ち合い相場の逆張りも、**反転するタイミングを早く察知する**ことが重要になります。

そこで注目したいのが、売買のサインが早く出る指標です。たとえば、トレンド系の指標（➡P94）では、移動平均線（➡P96）よりもMACD（➡P106）の方が早くサインが出ます。

オシレーター系の指標（➡P124）の中では、ストキャスティクス（➡P138）のサインが早く出ますし、ストキャスティクスの線の中でも、％Ｋが最も早くサインを出します。このような指標に注目しておくと、売買に向けた心の準備がしやすくなります。

ただし、**サインが早く出るものほどダマシが多くなる**ので注意が必要です。このサインが出たら準備、このサインが出たら注文を出すといった自分なりの手順を作っていくと、時間をロスすることなく判断できます。

よく使う指標の特徴を押さえておく

指標をうまく使いこなすためには、**自分が使う指標の長所と短所をきちんと知っておく**ことが大事です。たとえば、トレンド系の指標は保ち合い相場のときにサインが出にくくなりますし、オシレーター系はトレンド発生中にダマシが多くなります。そのため、まずはトレンド相場と保ち合い相場を見極め、**その時々の相場に合う指標を使い分ける**ことが大切です。

また、トレンド系、オシレーター系の中にも複数の指標があり、個々に「使いやすい」などの違いや好みがあるはずです。ただ、**指標の信頼度は、その指標を使っている人が多いほど高くなる傾向があります。**自分の好みの指標に限定せず、移動平均線やトレンドラインといったメジャーな指標も確認しましょう。

儲けのツボ！

テクニカル分析は最低限の指標を参考に

テクニカル分析はいくつも指標があるため、多くの指標を使い分ければ勝てると考えるかもしれない。そうではなく、テクニカル分析は余計な感情を排除するためのツールと考え、最低限の指標だけを参考にしたい。

ダマシのサインを避けるにはどうすればいい？

ずばりポイント ダマシは必ずあるものと認識して、サインを信じすぎないことが大切！

買いサインのダマシの例

信頼度100％のサインはない。ダマシになった場合は、手持ちのポジションをいったん決済する方がリスクが小さくなる。

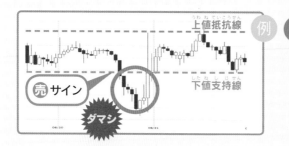

例 トレンドラインのダマシ

トレンドライン（下値支持線）をブレイク（➡P60）して下降トレンド発生のサインを出すが、価格が戻った。

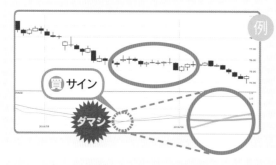

例 MACDのダマシ

MACD（➡P106）がクロスして上昇。トレンド発生のサインだが、価格は保ち合いで推移している。

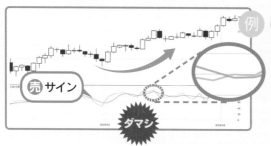

例 ストキャスティクスのダマシ

ストキャスティクス（➡P138）が売りサインの高値圏で推移しているが、価格は下がらない。

ロスカットを徹底して大ケガを回避しよう

指標にはいろいろな種類があり、それぞれに特徴や個性がありますが、すべての指標に共通していることがあります。それは、**信頼度100%の指標はない**ということです。信頼度100%の指標があれば、その指標を使うことによって勝率100%が実現できます。しかし、現実はそうではありません。**すべての指標でダマシが出る可能性があり**、ダマシが出る確率は指標ごとに差があるのです。また、売買回数が増えるほどダマシのサインで取引してしまう回数も増えます。

重要なのは、**その際に生じる損失を最小限に抑える**ことです。具体的な対策としては、サイン通りの動きにならなかったときに**ロスカット**することを心がけたり、**逆指値**（→P17）などを使って自動的にロスカットできるようにしておくことなどがあげられます。

また、**指標のサインを信用しすぎない**ことも重要です。「このサインは絶対」と思い込んでしまうと、ロスカットしづらくなります。放置することで損失が膨らむリスクもあります。

そのため、サインを確認して売買するとしても、「もしかしたらダマシになるかもしれない」と疑う意識は常に持っておく必要があります。

判断に迷ったらいったん様子見

エントリーのポイントやタイミングで慎重になることもダマシの回避につながります。たとえば、保ち合い相場で上限のトレンドラインに近づくと、逆張り型の指標が売りサインを出します。しかし、ダマシであれば価格はトレンドラインをブレイクします。**判断に迷ったら、いったんエントリーを見送るのも手**です。サイン通りに反転した場合は、その動きを確認してから売っても利益が狙えます。

また、ダマシだった場合は上にブレイクしますが、それがトレンド発生のサインかどうかも見極める必要があります。トレンド発生なら、押し目となったときに先ほどブレイクしたトレンドラインで反発します（→右図）。そのタイミングを待つのも1つの方法です。

**ダマシを回避して
次のチャンスを待つ！**

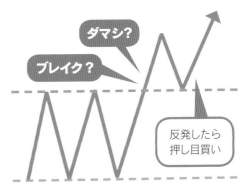

ブレイクがダマシか本物か判断できない場合は、いったん様子を見るのが無難。ブレイクが本物だったとしても、トレンドラインまで戻ることが多いので、そのタイミングで押し目買いができれば、十分利益を得られる。

損をするのは予測が外れたからではない

　人間の心理は相場で損をするようにできており（心理学のプロスペクト理論）、実際に損が出るとそれを確定するのが怖くなって、損失を膨らませ続けてしまいます。大暴落に引っかかると、ＦＸの場合は証拠金がなくなって、市場から強制退場させられてしまいます。大きな損をすると、投資効率が死んでしまうのです。重要なのは暴落に巻き込まれないことです。

　相場は、当てたい、あるいは儲けたいという欲望のゲームとして始まりますが、お金がなくなればゲームオーバーとなります。だから、相場で一番大切なのは、資産管理（マネーマネージメント）であり、具体的には必ずストップロス注文を設定することです。相場の予測が当たることと、相場で儲けることには何の関係もありません。相場の短期予測など半分は外れるものですし、長期予測は上げでも下げでもどちらかを言っておけば、いつかは当たります。相場の実践では、予測が当たってもタイミングが当たらないと役に立ちません。漠然とした予測を当てても仕方がないのです。

　相場で大きな損をするのは、予測が外れるからではありません。大損失は、「間違ったポジションをとってしまった後の対処のまずさ」に起因しています。繰り返しになりますが、人間の心理は相場で損をするようにできています。だから、相場は１にストップ、２にストップなのです。ストップロス注文を入れないと、相場は運だけの賭博行為になってしまいます。

chapter **4**

トレンド系
指標
（順張り）を
活用する

トレンド系指標を使って
トレンドの方向や強さをつかむ

ずばりポイント 上昇トレンドか下降トレンドかがわかり、
順張りするときに適した指標！

おもなトレンド系指標は6つ

トレンド系指標は、トレンドの流れをつかむためのテクニカル指標のこと。おもな種類は以下の6つで、トレンドの勢いを分析することができる。

移動平均線（➡P96〜）

MACD（➡P106〜）

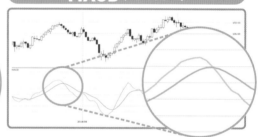

一目均衡表（➡P108〜）

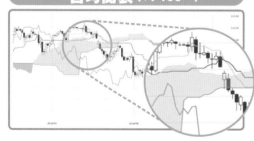

標準偏差ボラティリティ（➡P116〜）

DMI（➡P118〜）

パラボリック（➡P120〜）

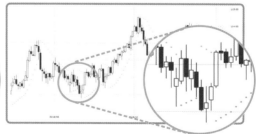

トレンドの方向や勢いを示す指標

トレンド系指標とは、トレンドの方向および相場の勢いを判断するためのテクニカル指標です。

おもなトレンド系指標の種類
● 移動平均線（➡P96）
● MACD（➡P106）
● 一目均衡表（➡P108）
● 標準偏差ボラティリティ（➡P116）
● DMI（➡P118）
● パラボリック（➡P120）

一般的に、トレンドに乗って取引を行う順張りに適した指標といわれています

が、反転狙いの逆張りでの取引に使えるものもあります。

移動平均線とは、**過去の一定期間の終値を平均化してつないだ指標**です。一般的に、ローソク足チャートに時間軸の異なる3本のラインが表示されます。トレンドラインと同様に、上昇トレンドであれば右上がり、下降トレンドであれば右下がりになります。ローソク足と移動平均線との関係や、期間の異なる移動平均線を組み合わせて見ることにより、売買のタイミングを読むこともできます。移動平均線は、順張りにも逆張りにも適した指標といえます。

 売買サインが現れる指標もある

MACDは、**MACDとシグナルという2本の線で構成**されています。チャートの中央にある0（ゼロ）ラインよりも上にあるときは上昇トレンド、下にあるときは下降トレンドであると考えられます。MACDとシグナルのクロスから、売買のタイミングを読むこともできます。

一目均衡表は、日本で生まれた指標です。**5本の補助線とローソク足で構成**されています。相場の均衡バランスをひと目で把握でき、未来の値動きも予測することができます。

標準偏差ボラティリティは、**トレンドの発生と終了をつかむための指標**です。トレンド相場と保ち合い相場の転換を示す指標ともいえます。トレンドの強弱を見るためのもので、トレンドの向きや売

買サインは示されないため、ほかの指標と組み合わせて使います。

DMIは、**トレンドの発生や終了を読み取る指標**です。買い手の力を表すラインと売り手の力を表すライン、その2つを平均化したラインの3本から売買の力の偏りを読み、トレンド相場か保ち合い相場かを判断します。

パラボリックは、ストップ＆リバースポイント（SAR）と呼ばれるラインとローソク足が大きな相場の流れを表し、そこから**トレンドの転換点を見る指標**です。放物線状に現れるSARとローソク足が交差するポイントが売買ポジションを入れ替えるタイミングとなります。

次ページから各指標について、くわしく解説していきます。

一定期間の平均値を表す移動平均線とは？

ずばりポイント 一定期間の取引価格を平均化して、トレンドが把握できるようにした線！

値動きの平均値をつないでトレンドを読む

移動平均線とは、過去の一定期間の終値（おわりね）を平均化してつないだ線のこと。一般的に、短期線、中期線、長期線の3本を組み合わせて使う。平均値をとる日数が増える分、長期線が最も緩やかな曲線となる。

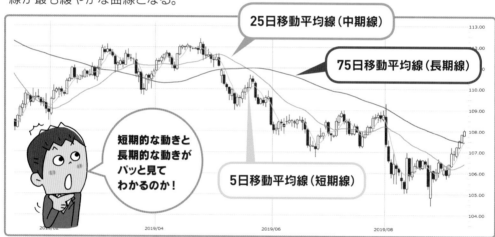

25日移動平均線（中期線）

75日移動平均線（長期線）

短期的な動きと長期的な動きがパッと見てわかるのか！

5日移動平均線（短期線）

2019/02　2019/04　2019/06　2019/08

113.00
112.00
110.00
109.00
108.00
107.00
106.00
105.00
104.00

例 5日移動平均線 一定期間の為替レート（終値）の平均値を計算し、つなぐことで移動平均線を描くことができる。

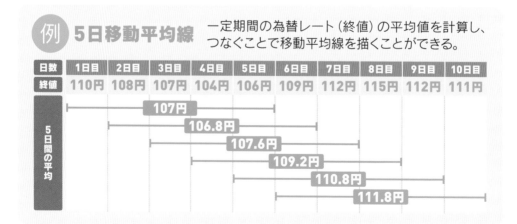

日数	1日目	2日目	3日目	4日目	5日目	6日目	7日目	8日目	9日目	10日目
終値	110円	108円	107円	104円	106円	109円	112円	115円	112円	111円

5日間の平均

107円
106.8円
107.6円
109.2円
110.8円
111.8円

過去数本分のローソク足の平均値を表す

　順張りでトレンドに乗るためには、**相場が上下どちらに向かって動いているかを知る**ことが重要です。そのための指標として最もよく使われているのが**移動平均線**です。

　移動平均線にはいくつか種類がありますが、一般的に使われているのは、**過去数本分のローソク足の終値を計算し、平均値をつないで表示**するものです。

　たとえば、日足チャートの5日移動平均線は前日までの5日間の終値の平均値を、25日移動平均線は前日までの25日間の終値の平均値を表示します。新しいローソク足の終値が決まれば、その終値を計算に入れ、最も古いローソク足の終値を計算から除外します。5日移動平均線であれば、今日の終値を入れ、5日前の終値を外し、新たに平均値を計算するということです。

　上昇トレンドであれば終値も上がるので、平均値を結ぶ移動平均線も右上がりになります。下降トレンドの場合はこの逆で、右下がりになります。この角度を見ることで、**トレンドの方向性を直感的に把握できる**のが、移動平均線のよいところです。

 ## 把握したい内容で期間を使い分ける

　日足チャートの分析でよく使われている移動平均線は、5日線、20日線または25日線、75日線、100日線、200日線などです。これらは、相場が動かない週末などを除いた数を意味し、5日は1週間、20日と25日は1か月、75日は3か月、100日は半年、200日は1年の値動きを表します。**週足チャート**では、13週線、26週線、52週線がよく使われ、これらも3か月、半年、1年の値動きを表しています。

　移動平均線は平均値であるため、計算に組み入れる値が少ない短期間のものほど細かく動きます。そのため、**5日移動平均線のように上下によく動くラインは目先の方向性をつかむ際に有効**で、**200日移動平均線のような長期線は相場を大局的に見たり、大きなトレンドの発生や**転換を把握したりする際に使われます。

　移動平均線は一般的に、**短期線、中期線、長期線の3本の組み合わせ**で使われます。取引のスタイルによって、効果的な組み合わせは異なります。以下は、それぞれのトレードスタイルに効果的な組み合わせの例です。

●短期トレード（日足）
「5日線・10日線・25日線」
「5日線・20日線・40日線」
●中期トレード（日足）
「5日線・25日線・75日線」
「20日線・40日線・200日線」
「25日線・75日線・200日線」
●長期トレード（週足）
「13週線・26週線・52週線」

ローソク足と移動平均線がクロスする場所に注目！

ずばりポイント ローソク足と移動平均線が近づくほど、売買が増えやすくなる！

トレンドの勢いが変化するサインを読む

移動平均線はトレンドラインと同様に、右上がりのときは上昇トレンド、右下がりのときは下降トレンドを表す。移動平均線とローソク足が交差すると、トレンドが変化したと判断できる。

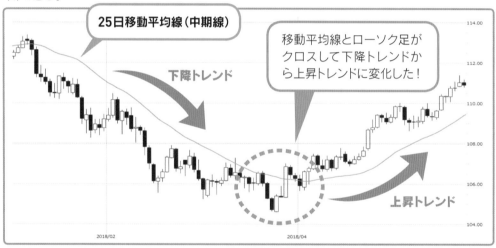

25日移動平均線（中期線）

下降トレンド

移動平均線とローソク足がクロスして下降トレンドから上昇トレンドに変化した！

上昇トレンド

114.00
112.00
110.00
108.00
106.00
104.00

2018/02　　　　2018/04

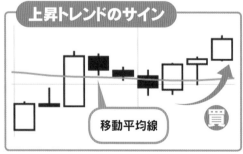

上昇トレンドのサイン

移動平均線

買

ローソク足が移動平均線を
突き抜けて上がった
＝上昇トレンドの発生➡ 買 サイン

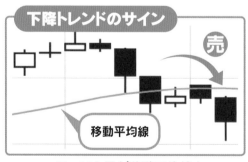

下降トレンドのサイン

売

移動平均線

ローソク足が移動平均線を
突き抜けて下がった
＝下降トレンドの発生➡ 売 サイン

移動平均線を見て売買を考える人が多い

移動平均線の数値は、**直近で売買した人の買値と売値を表している**ともいえます。たとえば、5日移動平均線が100円であれば、直近5日で買った人の買値の平均もだいたい100円です。現在の価格が100円以上であれば、直近5日で買った人はプラスであり、売った人はマイナスになっていると考えられます。つまり、**移動平均線はトレーダーにとっての損益分岐点**でもあるわけです。

そのため、**現在の価格（ローソク足）が移動平均線に近づくと、売買が活性化しやすくなります**。たとえば、移動平均線の上にあったローソク足が下落して移動平均線に近づくと、含み益があった買い手が「今のうちに利益確定しておこう」と考えます。逆に、一時的な下落ととらえた人は、新たに買う（買い増す）こともあります。そのまま下落して移動平均線を割り込んだ場合は、買い手のロスカットや、新たに売りポジションをとる人が増え、下落が加速することがあります。

このような売買が発生することから、**移動平均線とローソク足が交差する付近**では、買い手と売り手の力関係が変わりやすくなります。その結果、**トレンドが変わったり、トレンドの勢いが強くなったりすることが多いのです。**

買う人と売る人の割合で相場が決まる

トレンド相場中であっても、価格は細かく上下を繰り返します。なぜ上下を繰り返すかというと、上昇したときは「高く売れる」と考えて売る人が増え、下落したときは「安く買える」と考えて買う人が増えるためです。

このような市場心理を移動平均線とローソク足の関係に当てはめると、ローソク足が上下どちらかに大きく動いて移動平均線から離れると、**移動平均線に戻ろうとする力が強くなる**といえます。上昇トレンド中であれば、**移動平均線から離れたとき**に上昇が止まったり、一時的に下落したりする可能性が大きくなるため、目先の**売りどき**といえます。下降トレンドは、**移動平均線から大きく下に離れたときが買いどき**となります。

ローソク足が移動平均線から離れたときが売買チャンス！

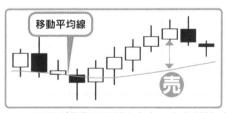

ローソク足が移動平均線から上に大きく離れた
→ 売 サイン

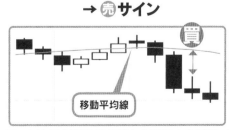

ローソク足が移動平均線から下に大きく離れた
→ 買 サイン

移動平均線を使った 買いどきを判断する法則

ずばりポイント ローソク足と移動平均線を見るだけで 信頼性が高い4つの買いどきがわかる!

「グランビルの法則」での買いどき4パターン

グランビルの法則とは、移動平均線とローソク足の関係により売買のタイミングをつかむ分析方法。売りと買いそれぞれ4つずつのパターンがある。

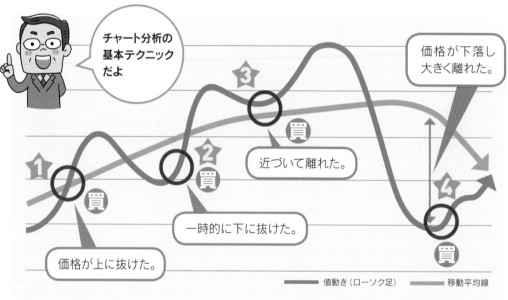

チャート分析の基本テクニックだよ

価格が下落し大きく離れた。

近づいて離れた。

一時的に下に抜けた。

価格が上に抜けた。

―― 値動き（ローソク足）　―― 移動平均線

	移動平均線	ローソク足	買い方
1	下降した後、横ばいまたは上昇	移動平均線を下から上へ抜けた	**買い**
2	上昇が続いている	一時的に移動平均線を下へ抜けた	**押し目買い**
3	上昇が続いている	一時的に移動平均線に近づいた	**押し目買い**
4	下降している	移動平均線から大きく離れた	**買い**

ローソク足と移動平均線でみる4つの買いどき

移動平均線とローソク足を使った分析では、ジョセフ・グランビルというアメリカのチャート分析家が考案した**グランビルの法則**が有名です。これは**チャートを用いるトレードの基本**ともいわれ、多くのトレーダーが役立てています。

グランビルの法則には8つのパターンがあります。そのなかで、**買いどきを表す4つのパターン**を見てみましょう。

• •

1：移動平均線が下降後、横ばい、または上向きかけた状態で、ローソク足が下から上に抜けたとき。

→買い

2：移動平均線が上昇している状態で、ローソク足が一時的に移動平均線を下抜けた後、再上昇したとき。

→押し目買い

3：移動平均線が上昇している状態で、移動平均線の上にあったローソク足が下落し移動平均線に近づくが、交差することなく再上昇したとき。

→押し目買い

4：移動平均線が下降中で、移動平均線の下にあるローソク足が下落し、移動平均線から大きく離れたとき。

→買い

• •

ローソク足の方が移動平均線より動きが荒い

移動平均線とローソク足の関係性は、それぞれの距離の変化や、交差するかどうかが売買の判断材料になっています。ただし、移動平均線は複数の終値（おわりね）を平均したもののため、**ローソク足の方が移動平均線よりも値動きが激しくなります**。たとえば、市場が経済ニュースなどに過剰に反応すると価格が大きく動きます。その結果、移動平均線と交差する、急接近するといった売買サインが出ることもあります。このような**市場の一時的な混乱によって生まれるサインは、ダマシになることも多い**といえます。相場の急変で慌てて売買しないように注意しましょう。また、ダマシのサインとわかったときには、損失が膨らまないうちのロスカットが大切です。

儲けのツボ！

底値圏での見極めで買いに差がつく

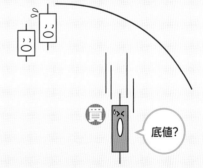

底値?

買いのシグナルの中でもわかりやすいのは、終値が下落し、ローソク足が移動平均線から大きく離れたとき。このときは、「下げすぎ」＝底値の基準をどこに置くかの見極めが重要となる。

移動平均線を使った売りどきを判断する法則

ずばりポイント 移動平均線の向きとローソク足の位置が4つの売りどきを教えてくれる!

「グランビルの法則」での売りどき4パターン

グランビルの法則には、売りと買いそれぞれ4つずつのパターンがある。売りどきのパターンは、買いどきのパターン（➡P98）の反対の動きとなる。

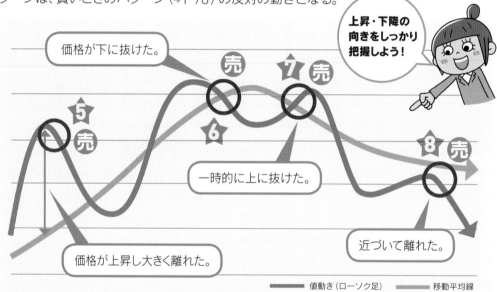

価格が下に抜けた。

上昇・下降の向きをしっかり把握しよう!

一時的に上に抜けた。

価格が上昇し大きく離れた。

近づいて離れた。

値動き（ローソク足）　　移動平均線

	移動平均線	ローソク足	買い方
5	上昇している	移動平均線から大きく離れた	**売り**
6	上昇した後、横ばいまたは下降	移動平均線を上から下へ抜けた	**売り**
7	下降が続いている	一時的に移動平均線を上へ抜けた	**戻り売り**
8	下降が続いている	一時的に移動平均線に近づいた	**売り**

ローソク足と移動平均線で見る４つの売りどき

グランビルの法則の８つのパターンの
うち、ここでは**売りどきのサインとなる
４つ**を見てみます。これら売りサインは、
上昇と下落などの関係性が、前ページの
４つの買いサインと逆になります。

・・・・・・・・・・・・・・・・・・・・

５：移動平均線が上昇中で、移動平均線
の上にあるローソク足が上昇し、移動平
均線から大きく離れたとき。

→売り

６：移動平均線が上昇後、横ばい、また
は下向きかけた状態で、ローソク足が上

から下に抜けたとき。

→売り

７：移動平均線が下降している状態で、
ローソク足が一時的に移動平均線を上抜
けた後、再び下落したとき。

→戻り売り

８：移動平均線が下降している状態で、
移動平均線の下にあったローソク足が上
昇し移動平均線に近づくが、交差するこ
となく再び下落したとき。

→売り

・・・・・・・・・・・・・・・・・・・・

ローソク足の向きによって売買判断が変わる

グランビルの法則で売買する際には、
移動平均線の向きに注意が必要です。

たとえば、買いサインの１と売りサ
インの７は、両方ともローソク足が移動平
均線を下から上に抜ける状態を含みます。
しかし、売買判断は真逆です。

なぜ判断が変わるかというと、**移動平
均線の向きが違う**からです。

買いサインの１は、移動平均線が横ば

いから上向きに変わってきています。**上
昇する力が生まれつつある状態のため、
ローソク足の上抜けが買いサイン**になり
ます。一方、売りサインの７は移動平均
線が下向きです。大きな流れとして下落
する力が強いと考えられるため、**ローソ
ク足が移動平均線をいったん上に抜けて
もトレンドは変わらず、戻り売りのタイ
ミングと判断**できるわけです。

儲けのツボ！
移動平均線の期間は
トレードスタイルに合わせて

短期となる５日や中期となる25日の移動
平均線ならスキャルピングやデイトレードが、
長期の75日や200日の移動平均線ならス
イングトレードが向いている。自分のトレード
スタイルに合わせて活用しよう。

移動平均線の期間	トレードスタイル
短期 中期	●**スキャルピング** ●**デイトレード**
長期	●**スイングトレード** ●**長期保有**

2本の移動平均線で
トレンド発生をつかむ

ずばりポイント 期間が短い移動平均線が、長い線を
上に抜けたら買い、下に抜けたら売り！

「ゴールデンクロス」と「デッドクロス」

期間の違う2つの移動平均線がクロスすると、それぞれ売買のチャンスになる。

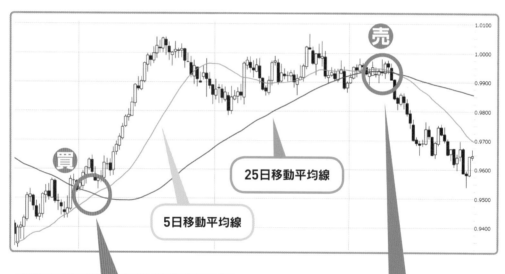

売

買

25日移動平均線

5日移動平均線

1.0100
1.0000
0.9900
0.9800
0.9700
0.9600
0.9500
0.9400

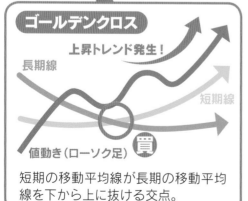

ゴールデンクロス

上昇トレンド発生！

長期線

短期線

値動き（ローソク足）

買

短期の移動平均線が長期の移動平均線を下から上に抜ける交点。

短期線

デッドクロス

売

値動き（ローソク足）

長期線

下降トレンド発生！

短期の移動平均線が長期の移動平均線を上から下に抜ける交点。

時間軸が異なる線で買い手、売り手の力を見る

移動平均線は、期間が異なる線を組み合わせて使う分析もできます。期間が違う線を使う理由は、**異なる時間軸でトレンドがどう変わっているかを把握することができる**ためです。

たとえば、**25日移動平均線が横ばいで、5日移動平均線が上昇している場合、25日前と比べて買い手の力が強まった**ことがわかります。買い手の力は上昇力と言い換えられるため、短期の移動平均線の方が上昇角度が大きかったり、長期の移動平均線の下にある短期の移動平均線が接近してきた場合などは、**上昇トレンドが発生する可能性が高くなります。**

また、直近の価格が上がってくると、**短期の移動平均線が上昇し、長期の移動平均線を下から上に抜ける**ことがあります。これは**ゴールデンクロス**という**買いサイン**です。

逆に、短期の移動平均線が長期の移動平均線の上にある状態で、**短期の移動平均線が長期の移動平均線を上から下に抜けるのはデッドクロス**といい、これは、**売りサイン**です。

ゴールデンクロスやデッドクロスに注目して売買するトレーダーも多いため、各クロスがきっかけに上昇、下落のスピードが加速することもあります。

長期線の向きによって信頼度が変わる

ゴールデンクロスとデッドクロスは多くのトレーダーが知る売買のサインです。ただし、**ダマシもあります。**

ゴールデンクロスの場合、**信頼度が高いのは、長期の移動平均線が横ばいか、上向きかけている**ときのクロスです。これは、価格が安値で安定しているか、安定状態から反転しようと動き始めていることを意味します。売り手の力が弱く、価格が上昇しやすいため、ゴールデンクロスの信頼度も上がるのです。

一方、**ダマシになりやすいのは、長期の移動平均線が下向いている**ときのクロスです。これはまだ売り手の力が強い状態なので、短期移動平均線が上昇してクロスしたとしても反転はせず、再び下落していく可能性が大きくなります。

**長期線が下向きのときは
ダマシに注意する**

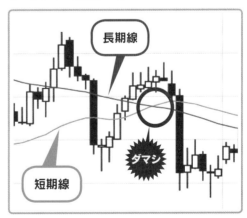

ゴールデンクロスのダマシの例。ゴールデンクロスが現れた後、価格の上昇が続かず再び下落に転じている。

2本のラインでトレンドを読む
MACD（マックディ）の使い方

ずばりポイント 短期と長期の移動平均線のように、角度とクロスを見て方向性をつかむ！

MACDとシグナルのクロスを見る

上は通常のローソク足チャートで、その下に連動してMACDとシグナルという2つのラインが示されます。線の見方は移動平均線と同じで、MACDとシグナルが上向きのときは上昇トレンドの可能性が高く、下向きの時は下降トレンドの可能性が高くなる。

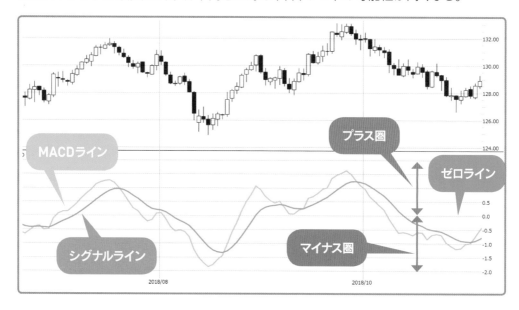

MACDライン	=	過去12本の終値の平均と26本の終値の平均を差し引いたもの
シグナルライン	=	過去9日のMACDの平均
ゼロライン	=	MACDが「0」を示す部分
プラス圏	=	ゼロラインより上。MACDがプラス圏だと、上昇トレンドの可能性が高い
マイナス圏	=	ゼロラインより下。MACDが一圏だと、下降トレンドの可能性が高い

0ラインとの位置関係と傾きを確認

MACD は、**MACD とシグナルという2つのラインを使い、トレンドの状態などを見る指標**です。

MACD は**過去12本**（日足チャートの場合は12日）**の終値の平均と26本の終値の平均を差し引きしたもの**で、シグナルは**過去9日**（分、時間、週、月）**の MACD の平均**です。いずれもローソク足の動きと連動しているので、**MACDとシグナルが上向きのときは上昇トレンドの可能性が高く、下向きのときは下降トレンド**の可能性が高くなります。

中心には0を境界線とするプラス圏とマイナス圏があり、プラス圏のときは上昇トレンド、マイナス圏のときは下降トレンドの可能性が高くなります。2本のラインの使い方は移動平均線に似ていて、位置、傾き、交差を見てトレンドを判断します。

また、MACD は直近の値動きが反映されやすく、短期の移動平均線と似た性質を持ちます。そのため、MACD の平均を表すシグナルを下から上に抜ける**ゴールデンクロスは買いサイン**、上から下に抜ける**デッドクロスは売りサイン**です。ゴールデンクロスはマイナス圏で出たとき、デッドクロスはプラス圏で出たときに信頼度が高くなります。

MACDはトレンド相場で活用する

MACD は**ダマシが少なく使いやすい**と多くのトレーダーに支持されている指標です。ただし、**保ち合い相場のときには向いていない**といわれています。2本のラインがクロスして一時的に売買サインが発生しても、すぐに戻ってまた横ばいが続くなど、タイミングが取りづらい状況が続いてしまいます。

また、**短期間に激しく価格が動いた場合は、売買サインが発生しないことがあ**ります。MACD がベースにしている移動平均線は、過去の価格の平均であるため、**急激な価格の変動に対しての反応が遅れてしまう**からです。

MACD は、**トレンド相場のときに活用**するのがおすすめといえるでしょう。

儲けのツボ！

ダマシを回避するためには
ほかの指標も併用する

保ち合い相場やゆるやかなトレンドの際に発生するMACD のサインは、ダマシの場合が多い。このダマシにかからないためには、移動平均線で相場全体の大きなトレンドを見極めるなど、ほかのトレンド系指標も併用していくことが大事だ。

相場の状況がひと目でわかる一目均衡表とは？

ずばり
ポイント

買い手と売り手の力関係を見ながら、トレンドの発生や終了を分析している！

一目均衡表は5つの補助線と「雲」で示される

一目均衡表は、ローソク足と5本の補助線によって相場の均衡バランスをひと目で把握できるチャート。現在のバランスだけでなく、未来の値動きも予測することができる。

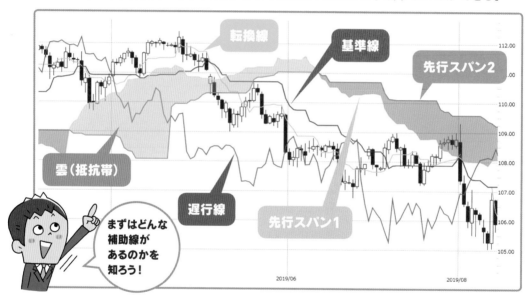

基準線	=	（過去26日間の最高値＋最安値）÷2
転換線	=	（過去9日間の最高値＋最安値）÷2
遅行線	=	その日の終値を26日後ろへずらした線
先行スパン1	=	｛（転換値＋基準値）÷2｝を26日先へずらした線
先行スパン2	=	｛（過去52日間の最高値＋最安値）÷2｝を26日先へずらした線
雲（抵抗帯）	=	先行スパン1と先行スパン2に囲まれたエリア

一目均衡表の6つの要素を覚えよう

トレンドに乗る順張りトレードでは、日本生まれの指標である**一目均衡表**を使うこともできます。

一目均衡表は、その名前にもある通り、**買い手と売り手の力の均衡を1つのチャートで見られるよう**トレンドの発生や終わり、方向性などを表します。直近の終値の平均を計算する移動平均線と比べて指標となる要素が多く、複雑な作りになっています。まずはそれぞれの要素を押さえておきましょう。

• •

基準線：過去26日間の最高値と最安値の合計を2で割った値の線。

転換線：過去9日間の最高値と最安値の合計を2で割った値の線。

遅行線：その日の終値を26日後ろにずらして表示する線。

先行スパン1：基準線と転換線の合計を2で割り、26日先にずらして表示する線。

先行スパン2：過去52日間の最高値と最安値の合計を2で割り、26日先にずらして表示する線。

雲（抵抗帯）：先行スパン1と先行スパン2の間にできるスペースを埋めたもの。

• •

値動きの未来を予想する珍しい分析方法

テクニカル指標は、基本的に過去の値動きを分析してサインを出します。そのため、指標を使った分析のアプローチも、過去の値動きや価格に対して今の価格の水準がどうかという視点で考えます。

たとえば、移動平均線は過去の平均値を示し、その数値と今の価格を比べて高いか安いかを考えます。一方、**一目均衡表には先行スパンがあり、これは未来の**値動きを分析しています。

通常、トレンドが出ている時は、上昇トレンド中の高値や下降トレンド中の安値が予想できません。しかし、一目均衡表は**先行スパンで形成する雲の位置や厚さによって、トレンドの勢いが弱まりそうな価格帯を表示**するため、ほかの分析方法とは違ったアプローチで値動きを分析することができるのです。

儲けのツボ！
一目均衡表の考案者が最も大事にした遅行線

一目均衡表の考案者である細田悟一（一目山人）氏は、遅行線が最も大事だと話している。遅行線がローソク足を上回ってきたら買いのシグナル、遅行線がローソク足を下回ってきたら売りのシグナルが発生しているという意味を持つ。

一目均衡表の3つのラインでトレンドの変化を把握

いちもくきんこうひょう

ずばりポイント 基準線と転換線のクロスや遅行線とローソク足のクロスなどが売買サイン！

移動平均線と同様の読み方ができる

一目均衡表の転換線と基準線は、移動平均線と同じように、ラインの傾きによってトレンドの方向性を読むことができる。また、ラインの交差が売買サインとなる。

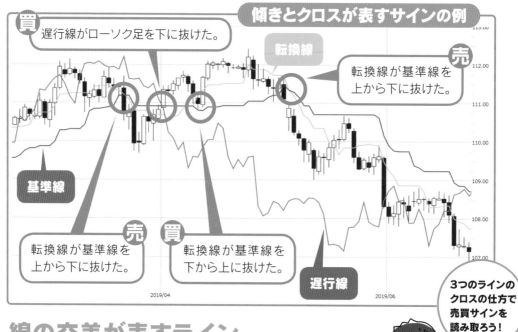

傾きとクロスが表すサインの例

買 遅行線がローソク足を下に抜けた。

転換線

売 転換線が基準線を上から下に抜けた。

基準線

売 転換線が基準線を上から下に抜けた。

買 転換線が基準線を下から上に抜けた。

遅行線

2019/04　　　2019/06

3つのラインのクロスの仕方で売買サインを読み取ろう！

線の交差が表すライン

- 基準線、転換線が右上がり ………▶ **上昇トレンド**
- 基準線、転換線が右下がり ………▶ **下降トレンド**
- 遅行線がローソク足を抜ける ……▶ **トレンド転換のサイン**
- 転換線と基準線のクロス ……………▶ **トレンド発生のサイン**

遅行線とローソク足でトレンドの変化を見る

一目均衡表では、**基準線や転換線など を単独で使うことができ、組み合わせて 使うこともできます**。まずは各線の使い 方を押さえておきましょう。

基準線は、過去26日の高値と安値が どのように推移したかを表します。高値 か安値が上がったときには基準線が上向 きに、下がったときは下向きになるので、 **角度を見ることによってトレンドの向き が把握できます**。

転換線も同様に、向きを見ることでト レンドが把握できます。ただし、過去9 日の高値と安値で計算しているため、**基 準線より短期のトレンドを表します**。

遅行線は、今の価格をそのまま26日 後ろに表示したものです。そのため、**遅 行線とその付近の価格を比べることで、 26日前より上昇傾向にあるか下落傾向 にあるかがわかります**。また、価格が上 昇すると遅行線がローソク足に接近し、 下から上に抜けます。下落し始めた場合 は、遅行線がローソク足を上から下に抜 けます。これは、一目均衡表が表す**トレ ンド転換のサイン**です。ローソク足を抜 けるということは、**26日前と比べて買 い手または売り手が強くなったことを表 す**ため、トレンドが変わったと判断でき るわけです。

基準線と転換線のクロスが売買のサイン

基準線と転換線は、移動平均線のよう に2本組み合わせて使うこともできます。

転換線は過去9日の平均、基準線は 26日の平均を表すので、**短期の線であ る転換線が基準線の上にあるときは上昇 トレンドの可能性**が高く、**下にあるとき は下降トレンドの可能性**が高くなります。 これは、短期と長期の移動平均線の位置 関係と同じです。

また、直近の価格が上昇し、高値や安 値が更新されると、転換線が上がり、基 準線を下から上に抜けることがあります。 これは移動平均線のゴールデンクロスと 同じで、**上昇トレンドの発生や買いどき のサイン**になります。逆に、転換線が基 準線を上から下に抜けるのは**下降トレン ドの発生や売りどきのサイン**となります。

一目均衡表の売買サインは 「好転」「逆転」

移動平均線のゴールデンクロス、デッドクロス にあたる売買サインを一目均衡表では「好転」 「逆転」と呼ぶ。

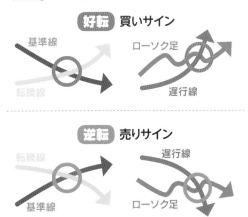

111

一目均衡表の雲で未来の値動きを見る!

ずばりポイント 雲が厚ければトレンドは出にくく雲を抜けたときにトレンドが勢いづく!

雲は上値抵抗線、下値支持線として機能する

一目均衡表の雲は、上値抵抗線、下値支持線と同じ役割を持つ。ローソク足より雲が上にあるときは上値抵抗線、下にあるときは下値支持線として機能する。値抵抗線、下値支持線と違うのは、雲には厚みがあること。厚いほど抵抗力、支持力が強い。

雲

雲が厚いほど抵抗力が大きい。

先行スパン2

ローソク足が雲を上に抜けた。

雲

雲に入って上昇が失速。

先行スパン1

雲が薄いところは突き抜けやすい。

ロールリバーサルが起きた!

110.00
109.00
108.00
107.00
106.00
5.00
104.00

2019/08　　　2019/10

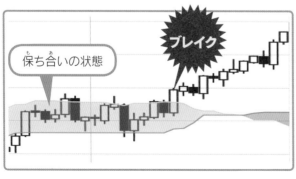

ブレイク

保ち合いの状態

雲の中にあると保ち合いの状態

ローソク足が雲の中にあるときは、しばらく大きな変動がない(保ち合い)と予測できる。ローソク足が雲から抜けると大きく価格が動く可能性が高い(ブレイクアウト)。

雲を抜けたところが売買ポイント

雲は、**短期と中期のトレンドを表す先行スパン1**と、**長期のトレンドを表す先行スパン2**の間に生まれる領域です。**抵抗帯**とも呼ばれ、ローソク足とぶつかったときの抵抗力となり、**上抜け（うわぬ）、下抜け（したぬ）が難しくなる価格帯**です。

現在の価格と雲の位置関係としては、**今の価格が雲の上にあるときは上昇トレンドの可能性**が高く、**下にあるときは下降トレンドの可能性**が高いといえます。**価格が雲の中にあるときは買い手と売り手の力が拮抗（きっこう）**している状態で、保ち合い相場の可能性が高くなります。

雲は、ローソク足の上抜けや下抜けに抵抗する部分ですから、抜けることができればその先の抵抗力は弱くなります。そのため、**ローソク足が雲を上抜けたときが買いサイン、下抜けたときが売りサイン**です。また、雲は、上昇してくるローソク足に対しては上値抵抗線の役目を持ち、下落してくるローソク足に対しては下値支持線の役目を持ちます。そのため、雲の近くで値動きが反転することが多く、**雲を抜けるとロールリバーサル**（→P64）**が起きます**。雲がローソク足の上抜けを抑えていたとしたら、雲を上に抜けることによって、今度は価格の下落が支える雲になるということです。

 ## 何日後に雲にぶつかるかあらかじめわかる

雲は上値抵抗線や下値支持線と似た役目を持ちますが、大きな違いは厚みがあることです。雲の厚さは抵抗力の大きさであるため、**雲が薄いほど上下どちらかに抜けやすく、トレンドが発生する可能性も高くなります**。

また、雲は現在の価格よりも先に現れるので、**何日後にローソク足とぶつかるかがわかり、どの価格帯で抵抗されるのかもわかります**。たとえば、現在の価格が雲の上にあり、数日先にぶつかる雲が右下がりに広がっていれば、価格が雲の下限に抑えられながら下落していくと予想できます。逆に、現在の価格が雲の上にあり、雲が右上がりに広がっていれば、雲の上限に支持されながら上昇していくと予想できます。

先行スパン1と2の入れ替えが転換サイン

一目均衡表の雲を構成している先行スパン1と先行スパン2が入れ替わるときが、相場の転換点になる可能性がある。その転換先がトレンド相場なのか、保ち合い相場なのか、相場によって変化する。

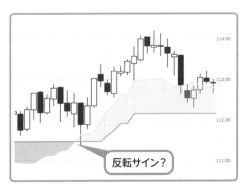

反転サイン？

一目均衡表から読み取る
3種の売買サインを知る

ずばりポイント 転換線と基準線のクロス、遅行線のクロス、雲抜けが重要なサイン！

信頼度が高い三役好転と三役逆転

一目均衡表に現れる売買サインの中で、重要な3つがそろった状態が「三役好転」と「三役逆転」。信頼度が高い相場転換のサインとして、多くのトレーダーに支持されている。

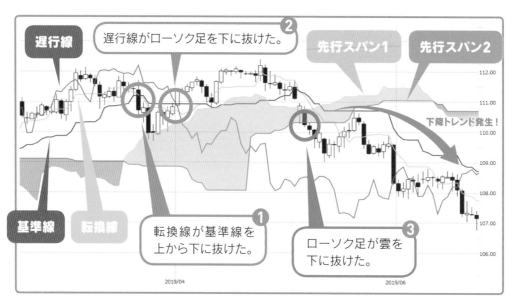

遅行線
遅行線がローソク足を下に抜けた。 ②
先行スパン1 先行スパン2
112.00
111.00
下降トレンド発生！
110.00
109.00
108.00
107.00
106.00
基準線 転換線
転換線が基準線を上から下に抜けた。 ①
ローソク足が雲を下に抜けた。 ③
2019/04
2019/06

三役好転と三役逆転のサインの順

① 転換線と基準線のクロスが発生。

② 遅行線がローソク足を抜ける。

③ ローソク足が雲を抜ける。

サインが出る順番を覚えておこう！

サインが3つそろうと信頼度が高い

　一目均衡表は指標を構成している要素が多く、**それぞれが買いサインと売りサインを出します。**

　重要なのは、以下のサインです。

- -

買いサイン
1：転換線が基準線を下から上に抜ける。
2：遅行線がローソク足を上に抜ける。
3：ローソク足が雲を上に抜ける。

売りサイン
1：転換線が基準線を上から下に抜ける。
2：遅行線がローソク足を下に抜ける。
3：ローソク足が雲を下に抜ける。

- -

　一目均衡表では、**買いサインのことを「好転」、売りサインのことを「逆転」**と呼びます。これらは単独でも売買サインになりますが、ほかの指標と同様にダマシも発生します。

　たとえば、一時的な価格の乱高下によってローソク足が雲を抜けるようなケースです。そのため、サインとしての信頼性を重視するのであれば、**1つより2つ、2つより3つそろう方がよい**といえます。

　これら**買いサインが3つそろった状態を「三役好転」**、売りサインが3つそろった状態を**「三役逆転」**といいます。

 ## サインが出る順番を覚えて三役を待つ

　三役好転と三役逆転は、各サインが出る順番がだいたい決まっています。**まずは転換線と基準線のクロスが発生し、次に遅行線がローソク足を抜け、最後にローソク足が雲を抜けます。**

　トレンドは、目先のトレンド転換（買い手と売り手の力の逆転）がきっかけになり、それが中期、長期と続いていくことによって生まれます。三役は、**転換線と基準線のクロスが短期**（9日）、**遅行線とローソク足のサインが中期**（26日）、**ローソク足の雲抜けが長期**（52日）のトレンドを表すため、上記のような順番になることが多いのです。この順番を踏まえて「今、どのサインが出ているか」を確認しながら、三役好転・三役逆転でのエントリーに備えましょう。

 儲けのツボ！
時間によって相場がいつ転換するか推測する「時間論」

　一目均衡表の考案者である一目山人氏の長年の研究では、「9、17、26」の周期で相場の転換が起こりやすいとされている。相場が反転しないまでも、押し目になったり相場が加速するなど、転換の節目となることが多い。

トレンドの始まりと終わりをつかむ
標準偏差ボラティリティ
（ひょうじゅんへんさ）

ずばりポイント 3つ以上の高値、安値を結び、値動きの方向性を把握！

標準偏差ボラティリティでトレンドをつかむ

標準偏差ボラティリティは、過去の価格帯の分布を表す標準偏差を使って、価格の変動の大きさを示した指標。トレンド相場と保ち合い相場の境目を判断するのに有効といわれている。

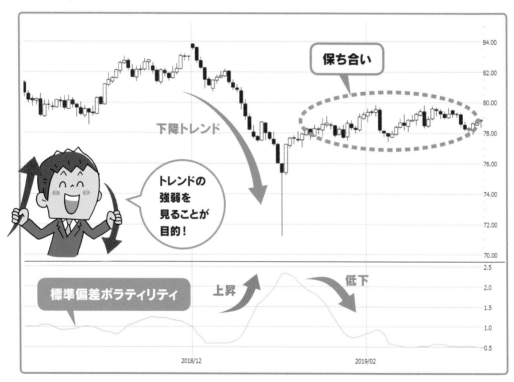

保ち合い

下降トレンド

トレンドの強弱を見ることが目的！

84.00
82.00
80.00
78.00
76.00
74.00
72.00
70.00

標準偏差ボラティリティ

上昇　　　低下

2.5
2.0
1.5
1.0
0.5

2018/12　　　　2019/02

標準偏差ボラティリティの役割は、**トレンドの強弱を見る**こと。
トレンドが上昇か下降かはわからない。
また、**売買サインも示さない**ので、ほかの指標と併せて使おう。

値動きの幅を見てトレンド発生を察知

相場は、トレンド相場と保ち合い相場を繰り返しています（➡P52）。**標準偏差ボラティリティ**は、その境目を見るための指標です。

標準偏差とは、データの分布を表す言葉で、ＦＸの場合は**過去の価格がどれくらいの価格帯で分布しているか**を表します。ボラティリティとは**値動きの大きさ**のことで、相場が乱高下しているときはボラティリティが大きくなり、一定の価格帯で上下する保ち合い相場より、上下どちらかに大きく動くトレンド相場の方がボラティリティが大きくなります。

標準偏差ボラティリティは、標準偏差を使ってボラティリティを数値化したものです。**現在の価格の値動きが、過去一定期間の標準と比べてどれくらい大きいか**を表します。値動きが大きくなっている場合は標準偏差ボラティリティの数値が上がり、それが**トレンド発生のサイン**になります。たとえば、保ち合い相場から上下どちらかに放れ、トレンドが発生するようなケースです。逆に、値動きが小さくなっている場合は標準偏差ボラティリティの数値が下がります。この変化を見ておくことで、トレンド相場の終わりがわかり、**保ち合い相場になると予想**できるのです。

上下どちらのトレンドでも数値が上がる

標準偏差ボラティリティはトレンドの強弱を見るためのものです。そのため、**トレンド発生のサインは出ますが、上下どちらのトレンドが発生するかはわかりません。上昇トレンド中も下降トレンド中も標準偏差ボラティリティが上がる**ということです。また、上下どちらのトレンドも、標準偏差ボラティリティが低い数値から高い数値に上がっていくときに大きなトレンドが生まれ、大相場になります。トレンドに乗るためにはこの初動をつかむことが重要なので、標準偏差ボラティリティが**低いときにトレンド発生を待つのがよい**といえます。逆に、標準偏差ボラティリティがすでに**高い数値のときに発生するトレンドは、大相場になりにくい**といえます。

儲けのツボ！

マイナー通貨ペアのボラティリティの高さだけに惹かれるな

ブラジルレアルや南アフリカランド、トルコリラといったマイナー通貨と日本円とのペアのボラティリティは高い。しかしそれは、トレンドが発生しているわけではなく流動性が低いからであり、高金利に惹かれてトレードを行うとロスカットなどの痛い目に遭うことも多い。

買い手と売り手の力の変化を表す
DMIを使ってトレンドを察知!

+DIと-DIで売買の強弱を見て、ADXで総合的な強さを見る!

DMIでトレンドを可視化する

DMIは、+DI、-DI、ADXの3本を使ってトレンドの発生を探る指標。+DIは買い手の力を表し、-DIは売り手の力を表す。ADXはトレンドの総合的な強さを示している。

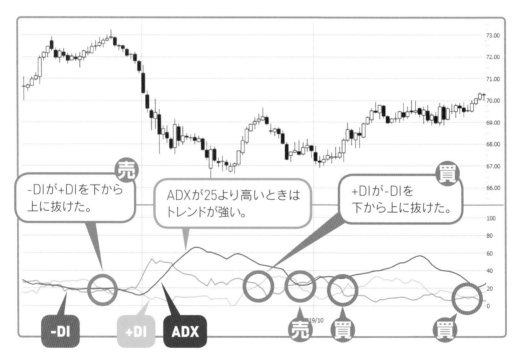

- +DIの線 ▶▶▶▶ **上昇トレンドの強弱(買い手の力)を表す。**
- -DIの線 ▶▶▶▶ **下降トレンドの強弱(売り手の力)を表す。**
- ADXの線 ▶▶▶▶ **トレンドの総合的な強さと方向性を表す。**

DMIは買い手と売り手の力の差を表す

DMI を使う分析も、標準偏差ボラ
ティリティのように**トレンドの発生や終
わりを見抜く**のに役立ちます。

DMI の分析では、**+DI、-DI、ADX
の３本**を使います。まず **+DI は、直近
の高値の変化などをもとに買い手の力の
強さを数値化したもの**で、+DI の上昇は
買い手優勢を表します。**-DI はその逆で、
安値の変化などから売り手の力の強さを
表しています。**-DI の上昇は売り手の力
が強くなっていることを表し、通常、
+DI と -DI は逆方向に動きます。

+DI が上向きのときや、-DI よりも上
にあるときは買い手が優勢です。**+DI が

上昇し -DI を下から上に抜いた**場合は、
売り手優勢から買い手優勢に変わったと
判断できるため、**買いサイン**になります。
反対に、-DI が上向きのときや +DI よ
り上にあるときは売り手優勢です。**-DI
が上昇して +DI を下から上に抜いた場
合は売りサイン**です。

**ADX は、+DI と -DI の差がどれくら
いか計算し、平均化したもの**です。差が
大きいということは、トレンドを生むく
らいの力の偏りがあるということです。
一般的には、ADX を 0 から 100 までの縦
軸で確認し、**25 以上のときはトレンド相
場、25 未満は保ち合い相場**と判断します。

 # ADXが横ばいのときはダマシが多い

+DI と -DI は、トレンドがあるとき
はきれいに間が空き、どちらかの力が強
くなっていることを示します。しかし、
保ち合い相場では買い手と売り手の力が
拮抗するため、+DI と -DI が細かく動き、
ダマシのクロスが発生しやすくなります。
それを見抜くために使うのが **ADX** です。
+DI が上昇し ADX も上昇している場合
は**上昇トレンドが発生**した可能性が高い
といえます。一方、**+DI が上昇している
にもかかわらず ADX が横ばい**の場合は
保ち合い相場が続いている可能性が高く
なります。また、仮に +DI が上昇して
いても、すでに ADX が高い位置にあり、
右下がりになっている場合は、上昇トレ
ンドの終わりが近く、保ち合い相場に変
わりつつあると判断します。

儲けのツボ！

DMI に MACD を
組み合わせ大きな
値幅の利益を獲得

DMI は、MACD での判断が難しい
トレンドの終わりを見るときに役立つ。
MACD でトレンドに乗り、DMI でト
レンドが弱くなってきたと判断したらポ
ジションを手じまいすることで、利益
を得よう。

chapter **4**

トレンド系指標〈順張り〉を活用する

今のトレンドがどちら向きか示す
パラボリックの使い方

ずばりポイント パラボリックによるトレンド分析は
上昇または下降トレンドの二択！

パラボリックでトレンドの転換を把握

ローソク足とストップ＆リバースポイント（SAR）を用いるパラボリックでは、ローソク足となだらかな放物線を描くSARとがぶつかるポイントがトレンドの転換ポイント。上昇、下降トレンドを問わず、この状態が売買の入れ替えタイミングとなる。

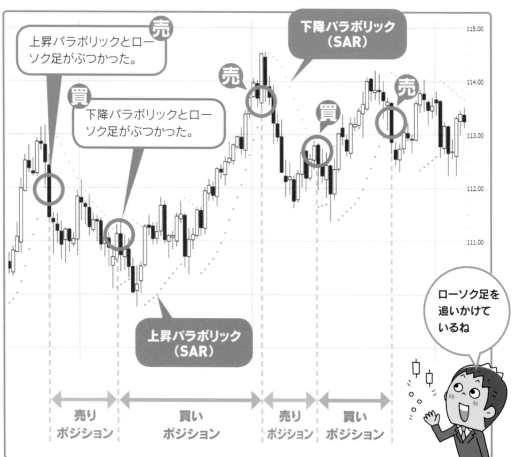

今のトレンドが上下どちら向きかを表す

　パラボリックは、**ローソク足とストップ＆リバースポイント（SAR）を使ってトレンドを追いかける指標**です。

　SARは、ローソク足の上下に出るなだらかな線のことで、上昇トレンド中はローソク足の下を右上がりに推移していきます。価格が下がり、ローソク足とぶつかったタイミングが上昇トレンドの終わりで、そこで上昇トレンドのSARも消えます。つまり、**ローソク足とSARがぶつかるポイントを、トレンド転換のポイントと考える**わけです。

　上昇トレンドのSARが消えると、次のローソク足からはローソク足の上に下降トレンドのSARが現れ、ローソク足の下落に合わせるように右下がりに推移します。価格が戻ってSARとぶつかった場合は、下降トレンドのSARが消え、再び上昇トレンドのSARが現れます。

　いずれのSARも、**ローソク足とぶつかったところが売買を入れ替えるタイミング**になります。ただ、上昇トレンドのSARは安値を結ぶトレンドラインよりも下で推移し、下降トレンドのSARは高値を結ぶトレンドラインよりも上を推移します。そのため、パラボリックのサインもトレンドラインを抜けた後になり、タイミングは遅くなります。

大相場に乗るチャンスを逃さない

　パラボリックが示す指標は、上昇トレンドと下降トレンドの2種類しかなく、保ち合い相場の可能性が高い時でも常に上下どちらかのSARが表示されます。この特徴のよい点は、**常にポジションを持ち続けられる**ことです。たとえば、ローソク足とSARが触れる度に売りと買いのポジションを持ち替えるといったトレードができます。**常にポジションを持っていれば、大相場に乗るチャンスを逃しにくくなります**。ただし、保ち合い相場では価格が上下に細かく動くため、パラボリックも細かく反転し、ダマシが多くなります。そのため、標準偏差ボラティリティやADXのようなトレンドの有無を判定できる指標と併せて使う方が精度が高くなります。

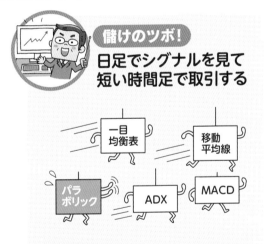

儲けのツボ！

**日足でシグナルを見て
短い時間足で取引する**

一目均衡表　移動平均線　パラボリック　ADX　MACD

パラボリックのシグナルは、ほかのテクニカル指標と比較すると遅めに出現する。そのため、日足でシグナルが出現したら、それより短い時間足もチェックをしてから取引を行おう。最初から短い時間足だけで取引をすると、ダマシの連続に合うこともある。

長期に安定した パフォーマンスを上げるには 取引商品の「分散」が必要

　いわゆるトレンドフォロー（順張り）の手法で相場にアプローチした場合、そのパフォーマンスは「運」や「偶然」による部分が大きくなります。たとえば、1年間、ドル／円を取引して大きなトレンド（方向性）が発生しなかった場合、どんなトレンドフォロー（順張り）の手法を用いても大きく儲けることはできないでしょう。これを人は「運」や「相場」が悪かったといいます。

　しかし、どの商品にいつ大きなトレンドが発生するかを当て続けることは不可能です。そこで、「運」よくトレンドに乗る（ついていく）ためには、できるだけ多くの商品をトレードする必要があります。それが取引商品の「分散」です。トレンドフォローで、長期にわたって"安定した"収益を上げるには、ある程度の商品分散が必要であると思われます。FXにおいても、複数の通貨ペア、複数の手法に分けることで、リスクを軽減することができます。たとえば、ドル／円でドルを買い、円を売るのと同時に、ユーロ／円でユーロを売り、円を買います。そうすることで、円が円高もしくは円安のどちらかに大きく動いても、損失が限定されます。また、一方はスキャルピング、もう一方はスイングトレード、それにスワップ狙いの通貨ペアも組み合わせるなど、取引方法を分けるやり方もあります。

　相場へのアプローチは「各人各様」でよいでしょう。相場に正解はありません。小さなポジションで複数の商品のポジションを持つことが、ローリスク・ミドルリターンの安定運用につながります。

オシレーター系指標
（逆張り）を活用する

オシレーター系指標を使い相場の過熱感をつかむ

ずばりポイント　「買われすぎ」「売られすぎ」を数値化して売買のシグナルを見極める！

トレンドの反転を狙った逆張りに有効

オシレーター系指標は、「買われすぎ」か「売られすぎ」かを分析する指標のこと。

RSI（→P126～）

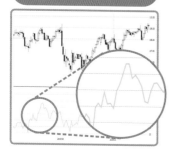

サイコロジカルライン（→P130～）

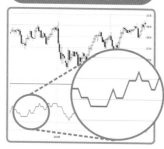

ボリンジャーバンド（→P132～）

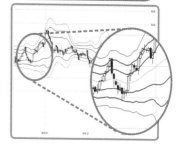

移動平均乖離率（→P134～）

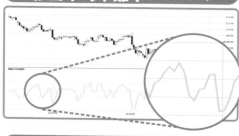

エンベロープ（→P136～）

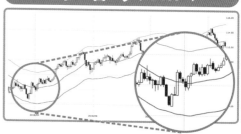

ストキャスティクス（→P138～）

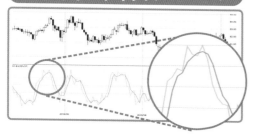

ATR（→P140～）

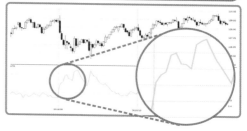

相場の過熱感を分析する指標

オシレーター系指標とは、「**買われすぎ**」「**売られすぎ**」を示す**テクニカル指標**です。一般的に、反転を狙って売買する逆張りに適した指標といわれています。

おもなオシレーター系指標の種類

- RSI（➡ P126）
- サイコロジカルライン（➡ P130）
- ボリンジャーバンド（➡ P132）
- 移動平均乖離率（➡ P134）
- エンベロープ（➡ P136）
- ストキャスティクス（➡ P138）
- ATR（➡ P140）

なお、オシレーター系指標は、**トレンドが発生している相場では機能しなくなります**。

RSIとは、**相場の過熱感を0〜100%で表した指標**です。70%以上で買われすぎ、30%以下で売られすぎを示します。相場に方向性のないボックス相場での取引に向いた指標といえます。強いトレンド相場では機能しません。

サイコロジカルラインとは、「ここまで上がり続ければ、そろそろ下がるだろう」といった、**トレーダーの心理を数値化した指標**です。上昇したローソク足と下落したローソク足の比率を計算します。

逆張りの売買サインが現れる

ボリンジャーバンドは、移動平均線とその上下3本ずつの標準偏差（ひょうじゅんへんさ）からなる線（バンド）の計7本の線で表される指標です。上下のバンドに挟まれた間で価格は動くという統計のもと、**将来の価格の動きを予測するもの**で、逆張りによる売買タイミングを計ります。

移動平均乖離率は、現在の価格が**移動平均線からどれだけ離れているかを数値化した指標**です。0%は乖離がない状態で、移動平均線より何%乖離しているかで価格の上下を予測することができます。乖離が大きくなったときが売買サインとなります。

エンベロープは、移動平均線の上下に一定の距離を空けて表示したラインで、**価格が移動平均線からどのくらい離れた**かを見るための指標です。ローソク足との位置関係から、売買ポイントをつかむことができます。

ストキャスティクスは「％K」と「％D」という、**現れるスピードの異なる2本のラインで相場の過熱感を見る指標**です。一般的に80%以上で買われすぎ、20%以下で売られすぎを示します。2本のクロスを見て、売買のタイミングを計ることもできます。

ATRは、当日高値と当日安値の差、当日高値と前日終値（おわりね）の差、当日安値と前日終値の差のうち、**最も大きい値幅を平均化した数値**です。トレンドの変化と売買タイミングをつかむことができます。

次ページから各指標についてくわしく解説していきます。

RSIを使って買われすぎ、売られすぎを把握

ノールエスアイ

ずばり
ポイント

RSIが70%以上で逆張りの売り、30%以下で逆張りの買い！

RSIは最もポピュラーな逆張りサイン

RSIは、相場の過熱感を0〜100%で表した指標。50%ラインは中立で、70%より上の数値は買われすぎ、30%より下の数値は売られすぎを示し、逆張りでの売買サインとなる。

RSIが50%より上	RSIが50%より下
→上昇（買い手）の勢いが強い	→下降（売り手）の勢いが強い
70%以上	**30%以下**
→買われすぎ＝ 売 サイン	→売られすぎ＝ 買 サイン

50%から遠ざかるほど相場が過熱している

為替レートは、上下どちらかに向けて力強く動いていたとしても、必ずどこかで勢いが弱くなり、必ずどこかで反転します。**逆張りのトレード**は、そのタイミングを狙って**直近の値動きとは逆方向の売買をする方法**です。その際に重要になるのは、**市場の過熱感を見て売買する**ことです。

過熱感とは、簡単にいえば**「買われすぎ」「売られすぎ」**の状態のことです。過熱感が大きくなるほど、「買われすぎ」「売られすぎ」と考える人が増え、価格を逆方向に動かそうとする力も強くなるということです。

RSIはオシレーター系指標の１つで、**相場の過熱感を０から100%までの数値で表します**。50%は過熱感のない状態、51%以上は買い手が強い状態、49%以下は売り手が強い状態を表しています。

RSIが上昇し、100%に近づくということは、買い手の過熱感が増しているということです。一般的には**70%を超えると「買われすぎ」**と判断し、逆張りの**売りサイン**となります。

RSIの下落は売り手の過熱感が高まっていることを表し、**30%を下回ると「売られすぎ」**と判断し、逆張りで**買いサイン**となります。

ボックス相場で信頼性が高くなる

RSIは、基本的には**ボックス相場での逆張りに向いた指標**といえます。というのは、強いトレンドが出るときは相場が過熱することが多く、RSIが上限や下限に張り付き、戻ってこなくなることがあるからです。そのため、RSIを使うトレードでは、トレンドの有無を判断する指標（標準偏差ボラティリティやDMIなど）と組み合わせたり、**トレンドライ**ンでボックス相場の上限と下限を確認することが重要です。ボックス相場の上限と下限の目安をつけておくことにより、逆張りのタイミングがつかみやすくなり、トレードの精度も高めることができます。また、ボックス相場を抜けたと判断できるときは、**逆張りしたポジションを決済する**とともに、**順張りトレードに切り替える**ことが大切です。

儲けのツボ！

RSIを使ったトレードは1日以内に利益確定すべし

RSIを指標として行うトレードは、数十秒から数分の間に売買するスキャルピングか、１日で利益確定をするデイトレードが向いている。逆に、数日間以上ポジションを持つデイトレードや長期トレードには向いていない。

RSIの**ダイバージェンス**で**トレンドの力の変化**を把握

ずばりポイント **ダイバージェンスはトレンドの始まりを示し、トレンド転換のサインになる！**

価格と指標が逆行するダイバージェンス

ダイバージェンスとは、価格の動きとオシレーター系のテクニカル指標の動きが逆行する現象のこと。価格が反転する可能性が高く、トレンド転換のサインとなる。

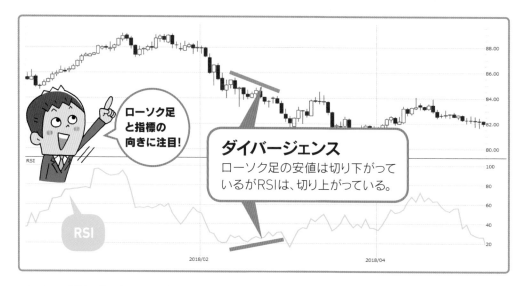

ローソク足と指標の向きに注目！

ダイバージェンス
ローソク足の安値は切り下がっているがRSIは、切り上がっている。

価格は切り下がっているが
指標は切り上がっている

**→上昇トレンドから
　下降トレンドへの転換サイン**

価格は切り上がっているが
指標は切り下がっている

**→下降トレンドから
　上昇トレンドへの転換サイン**

ダイバージェンスは価格と指標が逆行する状態

RSIは、価格の上昇と連動して上昇し、価格が下がった時に下落します。ストキャスティクス（➡P138）も、MACD（➡P106）をオシレーター系の指標として使う場合も、価格と指標が連動して上下するのが基本形です。

しかし、**たまに価格と指標の連動性が薄れたり、価格と指標の向きが反対になる**ときがあります。たとえば、価格が前回の高値を更新しているにもかかわらず、RSIの数値が前回よりも低いところまでしか上昇しない、といったケースです。このような状態を、**ダイバージェンス**といいます。ストキャスティクスやMACD

も同様に、上昇トレンド中で価格が高値を更新しているときに、ストキャスティクスやMACDが高値更新できない状態がダイバージェンスです。

上昇トレンド中に発生するRSIのダイバージェンス（価格は上昇、RSIは下落）を例にすると、まず価格は高値を更新しているので、**売り手より買い手の力が強い**ことがわかります。一方、RSIは下落しているので、**以前より買い手の力は弱くなっている**こともわかります。このことから、以前と比べて価格を押し上げる力が弱まり、**トレンド終了が近づいている**と判断できます。

トレンド系指標のダマシに注意

ダイバージェンスは、トレンドを生んでいる買い手または売り手の力が弱まっていることを表します。そのため、**トレンドがない保ち合い相場では信頼度が低く**なります。

また、トレンド発生中のダイバージェンスは、上昇トレンド時に発生するものと、下降トレンド時に発生するものがあります。上昇トレンド時のダイバージェンスは、価格が高値更新し、指標が下落している状態です。下降トレンド時のダイバージェンスはその逆で、価格が安値更新し、指標が上昇している状態です。いずれの場合も、価格が反転する可能性が大きくなり、**トレンド系指標のエントリーサインがダマシになる可能性**も大きくなります。

儲けのツボ！

オシレーター系指標だけでなく経済指標も併せてチェック

ダイバージェンスが出現しても、ただの押し目でしかなく、再び以前のトレンドに戻ることがある。重要な経済指標が相場とは逆の結果となったときなどに、このような現象が起こる。経済指標も併せてチェックするようにしよう。

トレーダーの心理を数値化する サイコロジカルラインとは？

ずばりポイント 75%以上で逆張りの売り！
25%以下で逆張りの買い！

トレーダーの「そろそろ反転かも」という心理を表す

トレーダーは、一方向に上昇や下降が続くほど逆張りしたくなる心理的特徴を持つ。こうした心理を数値化したものがサイコロジカルライン。上昇が続けば逆張りの売り、下降が続けば逆張りの買いサインとなる。

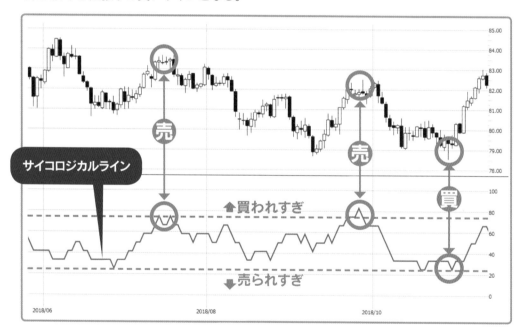

サイコロジカルラインが50%より上
→上昇（買い手）の勢いが強い

75%以上
→買われすぎ＝ 売 サイン

サイコロジカルラインが50%より下
→下降（売り手）の勢いが強い

25%以下
→売られすぎ＝ 買 サイン

上昇、下落が続くほど逆張りしたくなる

トレーダーはみんな、価格が常に上下しながら動いていることを知っています。そのため、上昇が続いていると「そろそろ下がるかもしれない」と考え、下落が続くほど「そろそろ上がるだろう」と考えます。このような考えに基づいて、過去一定期間のローソク足のうち、**上昇したローソク足と下落したローソク足を計算するのがサイコロジカルライン**です。サイコロジカルとは「心理的な」という意味で、この指標は**トレーダーたちの心理を数値化**するものとして使われています。

一般的には過去 12 本のローソク足を使い、日足の場合は 12 日分、5 分足の場合は直近 60 分のローソク足で、**上昇と下落の比率**を計算します。

たとえば、過去 12 日の日足で、前日より上昇した日が 9 日だった場合、9 日÷ 12 日＝ 75％、3 日だった場合は 3 日÷ 12 日＝ 25％となります。逆張りの判断目安としては、**75％以上が買われすぎで売りサイン、25％以下が売られすぎで買いサイン**です。

単純なしくみの指標ですが、人はその時々の心理によって売買を判断します。トレーダーたちが**今の価格にどれくらい警戒心を持っているか見るための指標**として、使い勝手がよい指標といえます。

上昇、下落の値幅もしっかり確認しよう

サイコロジカルラインを使う際に注意したいのは、突発的な経済ニュースなどによって**価格が急に変動すると、ダマシが出やすくなる**ことです。

サイコロジカルラインは、上がったか、下がったかを見て計算するもので、どれくらい上がり、どれくらい下がったかは計算に反映されません。たとえば、過去 12 日のうちの 9 日かけて毎日少しずつ上がったとします。その後、残りの 3 日で大幅に下落し、12 日前に上がり始めたときよりも今の方が価格が下がったとしましょう。このような状態でも、サイコロジカルラインの数値は 75％で、買われすぎを示します。そのため、**安定している相場に向いている指標で、急騰、急落が起きたときには信頼度が下がります。**

儲けのツボ！

ほかのテクニカル指標との併用が大事

買われすぎ！　売られすぎ！

サイコロジカルラインは投資家の心理を数値化しただけのものなので、これだけを見てトレードはするのは無理がある。RSI や MACD をメインで使い、買われすぎなのか、売られすぎなのか、相場の傾向としてチェックするだけにしよう。

ボリンジャーバンドは確率に基づき反転サインを出す

ずばりポイント 2σや3σを超える確率は低いためそのタイミングで逆張りを狙う!

移動平均線を中心に形成されるライン

ボリンジャーバンドは、移動平均線とその上下3本ずつの標準偏差からなる線(バンド)で表される指標。一定期間の価格から相場の振れ幅を統計学的に測定する。

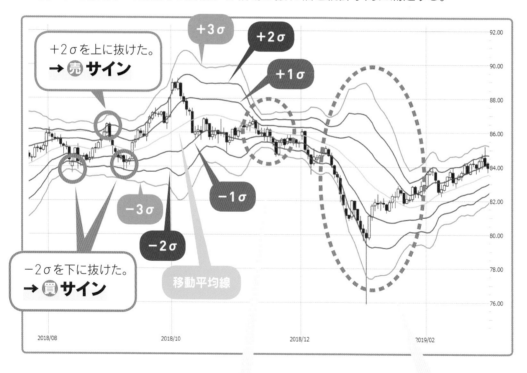

+2σを上に抜けた。
→ 売 サイン

−2σを下に抜けた。
→ 買 サイン

+3σ +2σ +1σ −1σ −3σ −2σ 移動平均線

2018/08　2018/10　2018/12　2019/02

スクイーズ
バンドの幅が狭く、上下に大きく動きづらい保ち合いの状態。

エクスパンション
バンドの幅が広く、強いトレンドが出ている可能性が高い状態。

2σの外に出る確率5%、3σの外は1%

ボリンジャーバンドは、ローソク足の移動平均線を中心に**上下3本ずつの線（バンド）**を表示します。過去の値動きの標準偏差を計算したもので、中心線に近い方から**1σ（シグマ）**、**2σ**、**3σ**と呼びます。中心線の上にあるのがプラスのσ、下にあるのがマイナスのσです。

ポイントは、**ローソク足が各バンドの内側にとどまる確率**が標準偏差の計算によってわかっているということです。

プラスマイナスを問わず、ローソク足が1σのバンド内に収まる確率は**約68%**、2σは**約95%**、3σは**約99%**です。逆算すると、ローソク足が1σのバンド外で推移する確率は約32%、2σの外は約5%、3σの外は1%ということです。

2σを例にすると、ローソク足が2σの外に100回出た場合、確率的には、そのうちの95回は2σの内側に戻る計算になります。3σの場合は100回のうち99回、内側に戻ります。そのため、ボリンジャーバンドを使って**逆張り**する場合は、価格が乱高下するなどして**2σか3σのバンドを抜けたときがチャンス**です。**バンド内に戻ろうとする力に乗って利益を得ることができる**のです。

 # バンドの向きと幅にも注目

ボリンジャーバンドは、その時々の相場の状態に応じてバンドの向きと幅が変わります。**トレンドがないときはバンドが水平で**、**バンドの幅は狭くなります。**この状態を**スクイーズ**といいます。また、トレンドが発生して値動きが大きくなると、ローソク足がバンドを押し広げ、**バンドそのものに方向性が生まれるとともに**、**幅が拡大**します。これを**エクスパンション**といいます。

エクスパンションが起きると、**ローソク足とバンドが一緒に動いていくバンドウォーク**と呼ばれる状態に発展しやすくなります。これは強いトレンドの発生を表すもので、**逆張りが大きな損失を生みます。**そのため、逆張りでのエントリー時はバンドの向きと幅の変化に注意が必要です。

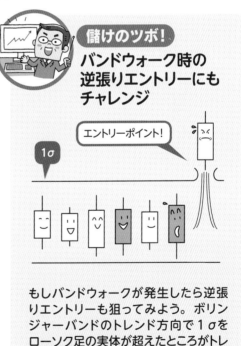

儲けのツボ！

バンドウォーク時の逆張りエントリーにもチャレンジ

エントリーポイント！

1σ

もしバンドウォークが発生したら逆張りエントリーも狙ってみよう。ボリンジャーバンドのトレンド方向で1σをローソク足の実体が超えたところがトレンドの反転と予想されるので、そこがエントリーポイントになる。

移動平均線との距離を見る
移動平均乖離率とは？

**乖離率が大きくなるほど
逆張りで勝てる可能性アップ！**

相場の動く範囲を計測する

移動平均乖離率は、現在の価格が移動平均線からどれだけ離れているかを％で示した
指標。行きすぎた相場は平均値に戻ろうとする習性があるため、直近の価格が平均価格
からどれだけ離れているかを把握し、逆張りのタイミングを計る。

価格が移動平均線から
大きく上に離れると
乖離率がプラスに大きく変動
→ 売 サイン

価格が移動平均線から
大きく下に離れると
乖離率がマイナスに大きく変動
→ 買 サイン

価格は常に移動平均に近づこうとする

逆張りの売買は、相場の過熱感が大きくなるほど成功率が上がります。そのため、長期や短期といったトレード期間に関係なく、どのチャートにおいても、**直近の価格が平均価格からどれだけ離れているか確認し、過熱感を把握する**ことが重要なポイントといえます。

移動平均乖離率はその代表的な指標で、**移動平均線と今の価格がどれくらい離れているかを数値化**します。この距離のことを乖離といい、移動平均線より上に離れる場合は**上方乖離**、下に離れる場合は**下方乖離**といいます。いずれも**乖離が大きいほど過熱感が大きく**、移動平均線付近に戻ろうとする力が大きくなります。

移動平均乖離率が特徴的なのは、移動平均線をベースに計算した指標という点です。移動平均線付近は売買が活性化しやすく、ポジションを持つ人が増えます。また、移動平均線は今の価格が高いか安いか判断する目安としても機能します。そのため、移動平均線付近でポジションをとって、含み益が出た人は、**乖離率が大きくなったときに利益確定しようと考えやすくなります**。結果、**乖離が大きくなるほど移動平均線に戻ろうとする力が大きくなり**、逆張り指標としての移動平均乖離率の信頼度も高くなるのです。

反転しやすい乖離率でエントリーを待つ

移動平均乖離率は％で表示されます。**0％は乖離がない状態なので逆張りできません**。しかし、価格は常に上下しますので、どこかのタイミングで必ず乖離率が大きくなります。チャートを遡ると、**どれくらいの乖離率のときに価格が反転したか確認**できます。たとえば、日足チャートで上下2％乖離したときに反転することが多ければ、次に2％乖離するタイミングを狙って逆張りするといった戦略を立てることができます。

また、価格が反転して乖離率が0％に近づくほど移動平均線に戻ろうとする力は弱まります。過去チャートで、**乖離率がどれくらいのときに反転の値動きが止まるのか確認**しておくことも大事です。

儲けのツボ！

抵抗帯や支持帯を抜けたときは深追いしない

ローソク足が25日移動平均線から大きく離れた相場の状態は長続きせず、いずれ反転する。逆張りの目安は、抵抗帯や支持帯にぶつかったとき。ただ、その線を突き抜けたときは反転はしない可能性が高いので、深追いせずにポジションを手じまいしたい。

移動平均線

移動平均線との乖離(かいり)を エンベロープで素早く把握！

ずばりポイント
反転しやすい乖離率を設定して、エンベロープに接したところで逆張り！

移動平均線からの乖離がひと目でわかる

エンベロープは、価格が移動平均線からどのくらい離れたかを見るために、移動平均線の上下に一定の距離を空けたラインを表示したもの。ローソク足に重ねて表示されるので、売買サインがわかりやすい。

エンベロープ 乖離率＋2%

85.00

移動平均線の上下に、乖離率を設定しておくんだ！

81.00

25日移動平均線

エンベロープ 乖離率－2%

2018/04　　2018/06　　2018/08　　2018/10

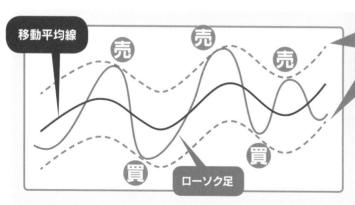

移動平均線

エンベロープ
移動平均乖離率を任意に設定したライン。

ローソク足

上のラインに触れた
→ 売 サイン

下のラインに触れた
→ 買 サイン

上のラインで売り、下のラインで買い

　移動平均乖離率（➡ 134）は、逆張りする際の目安になります。ただし、実際に逆張りで売買するためには、現存の価格の乖離率をいちいち確認しなければなりません。その手間を簡略化するのが**エンベロープ**という指標です。これもボリンジャーバンドのようにメインチャートに表示して使います。

　エンベロープは、**移動平均線の上下に一定の距離を空けて表示される線**で、移動平均線と同じ形で推移します。また、移動平均線とエンベロープの距離はチャート上で自由に設定でき、**価格が反転しやすい移動平均乖離率を設定すること**ができます。

　たとえば、移動平均乖離率によって上下2％に達したところで反転することが多いとわかったとします。この場合、移動平均線とエンベロープの距離を2％にすれば、現在の価格が反転しやすい価格帯にどれくらい近づいたか把握できます。また、ローソク足がエンベロープに触れるということは、価格が反転ポイントに達したということです。つまり、エンベロープを表示させておくことで、**ローソク足が上のラインに触れたら売りサイン、下のラインに触れたら買いサイン**といった判断も素早く簡単にできるのです。

よく反転する％の値を突き止める

　エンベロープをうまく使うポイントは、**移動平均線とエンベロープの距離（移動平均乖離率）**にあります。

　移動平均乖離率を設定するためには、過去のチャートを見ながら、トレンドが止まったり一段落したりした場所を探します。反転場所のローソク足とエンベロープが重なる数値を探し、そのラインで反転している回数が多いほどエンベ

ロープの信頼度が高くなります。

　ただし、**反転するポイントは時間軸によって変わります**。たとえば、ドル円の日足13日移動平均線の2％前後で反転することが多く、週足チャートでは1％前後で反転することが多いといった違いが出ます。また、トレードする通貨によっても差がありますので、その都度確認し、微調整するようにしましょう。

儲けのツボ！
強いトレンドのときは移動平均線まで戻らない

強いトレンドが発生したときは、移動平均線までなかなか戻ってこないときもある。たとえば、重要な経済指標の発表などがあったときだ。そのまま戻ってこず、強制ロスカットされることもあるので、あらかじめロスカットラインを設定しておこう。

移動平均線

2本の線で**反転を示唆**する ストキャスティクス

ずばりポイント 80%以上で逆張りの売り！ 20%以下で逆張りの買い！

最も実践的な逆張りのテクニカル指標

ストキャスティクスは、値動きの反応速度が異なる2本のラインを利用して市場の過熱感を見ることができる指標。いずれも80%以上なら買われすぎで売りのサイン、20%以下なら売られすぎで買いのサインとなるのでわかりやすく、実践的な指標といえる。

ストキャスティクス％K　ストキャスティクス％D
売　売　売　売　売
↑買われすぎ
↓売られすぎ
買　買　買
2018/06　　2018/08　　2018/10

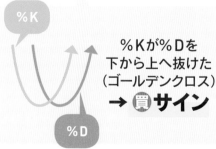

％K → ％D
％Kが％Dを
下から上へ抜けた
（ゴールデンクロス）
→ **買**サイン

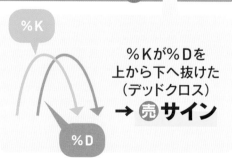

％K → ％D
％Kが％Dを
上から下へ抜けた
（デッドクロス）
→ **売**サイン

ラインの水準と交差を見て反転を察知

　ストキャスティクスは、**2本のライン を使って過熱感を見る指標**で、トレンド を早期に察知するために使うこともでき ます。2本の線は、**％K**、**％D**で、そ れぞれが表しているのが以下の情報です。

- -

％K：過去一定期間の安値と高値の幅 の中で、現在の価格がどの水準にあるか。
％D：過去一定期間の安値と高値の幅 の中で、過去一定期間の平均価格（例： 過去5日分）がどの水準にあるか。

- -

　指標の見方は、いずれのラインも**高水** 準なら買われすぎ、低水準なら売られす ぎを表します。一般的には**80％以上が 買われすぎで売りサイン、20％以下は 売られすぎで買いサイン**と判断されます。

　また、2本のラインは、値動きに反応 するスピードが違う、％K、％D の順番 で反応します。この差を利用し、各ライ ンのクロスを見て、売買のタイミングを つかむこともできます。基本的な考え方 は、移動平均線や MACD のクロスと同 じです。**％K が％D を上に抜けたとき が買いサイン、各ラインが下に抜けたと きが売りサイン**です。

 ## ％K→％Dの順に反応が早くダマシが多い

　％K は、現在の価格の水準だけを表 すため、**価格が急騰、急落したときの反 応が早く、動きも細かくなります。**反応 が早いことのメリットは、トレンド反転 のサインや、逆張りを狙う売買サインが 早く出ることです。

　ただし、一時的な急騰、急落にも過敏 に反応しやすくなるため、**ダマシが多く** なります。また、値動きが不安定なとき も ％K は細かく動きます。％D とクロ スする回数が増え、**サインの信頼度が下 がる**点に注意が必要です。

　一方、**％D** は平均値をとって計算し ているため、**直近の値動きに対する反応 は ％K より鈍くなります。**しかし、**サ インの信頼度は上がります。**

　早さ重視か信頼度重視か決めた上で、 ラインを使い分けてみましょう。

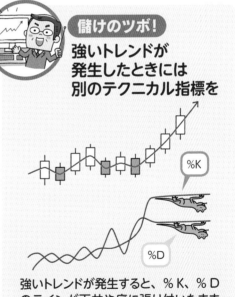

儲けのツボ！
強いトレンドが 発生したときには 別のテクニカル指標を

強いトレンドが発生すると、％K、％D のラインが天井や底に張り付いたまま 横ばいになりやすい傾向がある。スト キャスティクスはボックス相場だけに向 いているので、トレンド相場のときは別 のテクニカル指標を活用したい。

値動きの大きさを数値化し相場の変化を見るＡＴＲ

ずばりポイント 高い水準にあるＡＴＲが下がりかかったところで逆張り！

ＡＴＲの動きから相場の天底をとらえる

ＡＴＲは、価格の変動幅であるボラティリティから、相場の過熱感を見極める指標。高水準で推移している場合は相場が天井か底値に到達しつつあることを示唆し、低水準で推移している場合にはボックス相場が継続する可能性がある。

ＡＴＲが高い数値から下降を始めた。
**→価格が高値圏であれば
売りサイン、
安値圏であれば
買いサイン**

ＡＴＲが低い数値から上昇を始めた。
**→価格が高値圏から
反転すれば売りサイン、
安値圏から
反転すれば買いサイン**

ボラティリティの変化で過熱感をはかる

ATR（アベレージ・トゥルー・レンジ）とは、当日高値と当日安値の差、当日高値と前日終値の差、当日安値と前日終値の差のうち、**最も大きい値幅（ボラティリティ）を平均化した数値**です。相場では過去14日分の平均値を示すATRがよく使われます。

ボラティリティが重要なのは、**トレンドがある相場ほどボラティリティが大きくなる**傾向があるからです。

相場のパターンとして、保ち合い相場、トレンド相場、保ち合い相場と変わっていくとすると、**保ち合い相場のときは値幅が小さく、ATRも低い数値で推移**し

ます。**トレンドが発生すると値幅が大きくなり、ATRも上昇**します。その後、値幅が小さくなり、ATRが下落し、保ち合い相場に戻ります。つまり、ATRを見ておくことで、**トレンドの発生と終了について把握しやすくなる**ということなのです。

また、上下どちらかのトレンドが続き、ATRも上昇していくにつれて相場の過熱度が増していきます。

相場は常に上下を繰り返すので、**ATRが高い水準から下落し始めたときに価格が高値圏であれば売り、安値圏であれば買いのタイミング**といえます。

ブレイク後もトレンドラインは消さない

ATRは、単に上下の変化を見るだけでなく、エンベロープ（➡136）のようにメインチャートに表示し、ローソク足との位置関係を見ることができます。これを**ATRチャネル**と呼びます。

ローソク足と組み合わせることで、**現在の価格が買われすぎなのか、売られすぎなのか**が、より簡単に把握できるようになります。バンドの幅の設定は、移動平均線（49本）から近い順に、**ATR（18本）の1.6倍、3.2倍、4.8倍**にするとよいでしょう。通貨によってどのチャネルで反転しやすいかが異なりますが、たとえば3.2倍のチャネルで反転することが多ければ、価格がそのチャネルに達し、ATRが高い水準から下落し始めたときに逆張りでのエントリーを狙います。

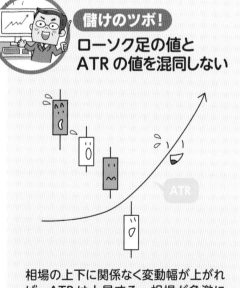

儲けのツボ！

ローソク足の値とATRの値を混同しない

相場の上下に関係なく変動幅が上がれば、ATRは上昇する。相場が急激に下降していてもATRは急上昇しているので、トレードするときにはローソク足とATRとを混同しないよう注意したい。

3秒前に犯した失敗は まったく気にしない

　ポール・チューダー・ジョーンズ（72億ドルのグローバルマクロヘッジファンド、チューダー・インベストメントの創設者）は、「私は3秒前に犯した失敗はまったく気にしない。私が気にするのは次の瞬間から何をしていくかということだけだ」と、述べています。普通の投資家は、自分が買った値段（あるいは売った値段）というポジションの取得コストにこだわってしまいます。たとえば、「ドル／円は今109円だ。自分は106円で買っているから3円下がってもトントンだ。だから多少相場が動いても問題はない」というのが、一般人の発想です。彼は自分のポジションのコスト（取得価格）などいっさい気にせず、現在109円のドル／円相場がこの先上がるのか下がるのかだけを考え、下落すると思ったらあっさり売ってしまいます。

　彼の運用の特徴は「徹底したリスク管理」にあります。彼は、「私は獲得することに夢中になるのではなく、保護することを第一に考える。最も重要なルールは攻撃ではなく防御である」と、発言しています。

　相場はトレンド期が少なく、保ち合い相場やランダム相場の中では平均回帰という現象が起こって相場が戻ることも多いので、ほとんどの市場参加者はストップロス注文を置きません。ストップロス注文を置かなくても助かってしまうということを繰り返していると、レバレッジのかかった取引では、「3年から10年に1回の大きな下げ局面」で証拠金の多くを失うことになるでしょう。ポール・チューダー・ジョーンズが言うように、「どのリスクポイントで自分が撤退するのかを把握しておかなければならない」のです。

chapter 6

実践!
勝てるチャート
の読み方

順張り（トレンドフォロー）で うまく稼ぐコツは？

> **ずばりポイント** 細かくロスカットしながら
> トレンドに乗り続けることが大事！

「利小損大」にならず、「損小利大」を目指す！

「利小損大」とは？

利益よりも損失の金額の方が多いこと。たとえ取引で勝ちの回数が多かったとしても、コツコツと積み上げた利益が1回の負けでマイナスになってしまうこともある。

「損小利大」とは？

損失よりも利益の金額の方が多いこと。細かくロスカットして損失の金額を抑えながら大きな利益の獲得を狙う。「損をしない」ではなく「損を小さく抑える」ことが大事。

「損小利大」を表現するためのポイント

ポイント1 ロスカットを徹底する

自分の意思で損失を確定させることは、人の心理として非常に難しい。「これは損ではなく、利益を取り戻すための行為」と割り切ることが大切。

ポイント2 トレンドに乗る

トレンドの発生を早めにとらえて、うまくトレンドの初期から乗る。ギリギリまで乗り続け、できるだけ利益を取りこぼすことがないようにしたい。

ポイント1 別の指標も見る

保ち合い相場のブレイクだけに注目するのではなく、トレンドの強弱を表す指標なども同時にチェックし、大きなトレンドの発生を確実にとらえよう。

損は小さく、利益は大きく

勝つために重要なのは、**勝てる確率が大きい方のポジションをとる**ことです。ただし、**勝率と同じくらい、勝ち額も考える必要があります**。なぜなら、10戦9勝で10万円の利益を得たとしても、残りの1敗で20万円損することがあるのが相場だからです。

そこでポイントになるのが、**ロスカットを徹底して1つのエントリーミスが大きな損に発展しないようにする**ことです。

残念ながら、エントリーポイントのミスを完全に避けることはできません。テクニカル分析のサインはダマシがあるので、どこかで必ずミスが起きます。重要なのは、そのときにすぐにロスカットし、損失を小さく抑えることです。

逆に、10戦9敗で10万円の損をしても、残りの1勝で20万円取れればトレードは成功です。そのため、正しいエントリーによってトレンドに乗れた場合は、**できるだけ利益を増やせるようトレンドについていく**ことが大切です。

このように、**損を抑えて利益を最大化する考え方を「損小利大」**といいます。細かくロスカットしながら損を抑えつつ、うまくトレンドに乗れたらギリギリまで乗り続け、利益を最大化することが、トレンドフォローの基本的な考え方です。

ブレイクを見つつ、ほかの指標も確認

トレンドは保ち合い相場のブレイクから発生することがほとんどです。そのため、トレンドに初期から乗るためには、トレンドラインをブレイクしそうなときや、ブレイク直後にエントリーすることになります。ただし、**ブレイクしたからといって大きなトレンドになるとは限りません**。ブレイクしてすぐに反転し、戻ってくることもあります。**ボックス相場のブレイクでトレンドが発生するケースは、3回に1回程度**です。つまり、ブレイク付近で順張りするエントリーは、**3回に2回くらいはミスになります**。

このミスを避けるには、ブレイクだけを見てエントリーするのではなく、標準偏差ボラティリティのような**別の指標と組み合わせることが大切**です。

儲けのツボ！

FX業者設定の強制ロスカットに注意！

自分でロスカットラインを設定していなくても、「証拠金維持率が何％を切ったら強制的にロスカットする」というルールが業者ごとに設定されている。ロスカットルールは証拠金維持率100％から20％の間でFX業者により設定が異なるが、強制ロスカットされて「損大」を招かないよう、ロスカットラインは自分で設定しておきたい。

順張りのエントリーで リスクを抑える方法は？

ずばりポイント ブレイク付近ではなく ブレイクした後でエントリーする！

ブレイクを待ってエントリーミスを減らす

上値抵抗線や下値支持線は価格が反転しやすい場所だが、ぴったりその位置で反転するとは限らず、少し抜けてから反転する場合もある。そのようなダマシを避けるために、明確にブレイクするのを待つのも1つの手だ。

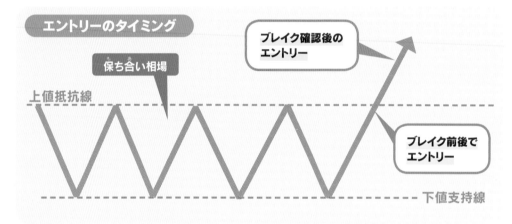

エントリーのタイミング

保ち合い相場

ブレイク確認後の
エントリー

上値抵抗線

ブレイク前後で
エントリー

下値支持線

リスク小 = ブレイク確認後のエントリー

よし…

トレンドに乗るタイミングが遅れ、獲得できる利益の幅が狭くなるが、ダマシを避けることができる。ロスカットの必要もなく、失敗が少ない。

リスク大 = ブレイク前後でエントリー

いくぞー！

トレンドが発生すれば、トレンドの始めから終了まで大きな利益を獲得できる。ただし、ブレイクがダマシだった場合、大きな損失になることも。

安全性重視であえてブレイク直後は避ける

うまくトレンドに乗るためには、**トレンドが発生しそうなタイミングを想定しておく**ことが大事です。トレンドが生まれるタイミングは2つあります。1つは、保ち合い相場の上限（上値抵抗線）をブレイクするときで、2つめは下限（下値支持線）をブレイクするときです。これらラインを**ブレイクするときに素早くエントリーできれば、その後のトレンドで獲得できる利益も大きくなります。**

ただし、実際にトレンドが発生するかどうかはわかりません。上限や下限をブレイクするかどうかもわかりません。そのため、ブレイクがダマシになって逆行したときのことも想定し、**ロスカットラインを厳守することが大事**です。

または、ブレイク付近のエントリーを避けて、明確なトレンドが出るのを待つこともできます。つまり、**ブレイクに近づいたときはあえてポジションを持つのを避けたり、すでに持っている場合はいったん決済して様子を見る**ということです。この方法の難点はトレンドに乗るタイミングが遅れることで、トレンド発生からエントリーまでの値幅は取れません。ただし、ブレイクがダマシになったときにロスカットする必要もなくなるため、実質的にはマイナスにもなりません。

ローソク足がどれだけ抜けたかを確認

ブレイクを確認してからトレンドフォローする場合は、**ローソク足がラインをどれくらい抜けたかを見る**とよいでしょう。たとえば、**ローソク足がラインを完全に抜けた**のであれば、100％ブレイクしたとは言い切れないまでも、信頼度が高く、比較的安心してエントリーできます。また、**実体の半分以上がトレンドと同方向に抜けている場合も信頼度が高い**といえるでしょう。

一方、**実体の半分くらいしか抜けていない場合はダマシになるリスクをともないます。**また、実体がラインを抜けず、ヒゲだけが抜けている場合（一度ラインをブレイクし、再びラインの手前に戻ってきた状態）も信頼度が低くなるため、エントリーを待つべきでしょう。

ローソク足の抜け方をチェックする

ローソク足がトレンドラインなどをブレイクした場合、どれくらい抜けたかも信頼度を見るポイントになる。

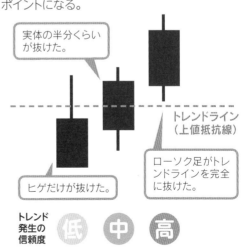

実体の半分くらいが抜けた。

トレンドライン（上値抵抗線）

ローソク足がトレンドラインを完全に抜けた

ヒゲだけが抜けた。

トレンド発生の信頼度　低　中　高

トレンドフォロー（順張り）は どんなとき失敗しやすい？

ずばりポイント 保ち合い相場の感覚で 「高い」「安い」を判断すると失敗する！

「高値を買い、安値を売る」感覚をつかむ

一般的にモノを売り買いするときは、安く買って高く売るのが基本だが、ＦＸにおける売買は、買値と売値の差が損益となる。安い価格で買うことができても、その後さらに価格が下がれば損失となる。トレンドに乗るためには、「高いときに買い、安いときに売る」ことも必要となる。

トレンドをとらえたら保ち合いの感覚をやめよう

下値支持線

保ち合いの感覚 安くなった！ 買おう！

トレンドの感覚 高いから 売ろう！

トレンド相場

74.70
74.65
74.60
74.55
74.50

16:00　16:30　17:00　17:30

失敗
トレンドが発生しているのに保ち合い相場の感覚で買ってしまう。

成功！
トレンドの発生をとらえて保ち合い感覚から切り替えて、売り注文をする。

「高いときに買う」「安いときに売る」が重要

トレンドに乗るためには、**心理的な壁を乗り越え、「高いときに買う」「安いときに売る」を実行する**必要があります。

トレンドは、保ち合い相場の中で買われすぎ（または、売られすぎ）の価格帯をブレイクし、さらに買われる（または、売られる）ことによって発生します。そのため、トレンドに乗るためには保ち合い相場の**上限を超えたところで買うか、下限を超えたところで売らなければなりません**。それが「高いときに買う」「安いときに売る」ということです。

ただし、その時点ですでに価格は保ち合い相場の上限または下限に達しており、保ち合い相場の感覚で見ていると「買われすぎ」「売られすぎ」と判断しやすくなりがちです。結果、エントリーを見送り、トレンドに乗り遅れてしまいます。「買われすぎ」「売られすぎ」と感じて逆張りでエントリーしたら、トレンド発生によって大きく損をしてしまうといったこともあります。

このようなミスを避けるためは、保ち合い相場だったときの値ごろ感を捨て、高値や安値を忘れることが大事です。**価格が保ち合い相場の上限・下限に近づいたら「トレンドが発生するかもしれない」と意識する**ようにしましょう。

ロスカットラインが心理的な壁を低くする

トレンドフォローの利益は、高く買って、さらに高く売るか、安く売って、さらに安く買い戻すことから生まれます。ただし、高値のロング（買い）と安値のショート（売り）はミスしたときに大きな損失を生みます。そのためロスカットラインを明確にし、そのラインに達したら**確実にロスカット**することが重要です。

ロスカットラインを決めておくことは、資金を守るための手段として重要であると同時に、順張りの出発点となる「高値で買う」「安値で売る」の**心理的な壁を低くする**ことにもつながります。どの価格で売買しても、**ロスカットラインが決まっていれば損失が限定できます**。この安心感によって「高値で買う」「安値で売る」を実行しやすくなるのです。

儲けのツボ！

ロスカットラインを設定する位置に気をつける

高値
安値
ロスカットライン

トレンドフォロー（順張り）でトレードを行うとき、ロスカットラインは直近最高値（最安値）の前の安値（高値）の少し下（上）に設定しておきたい。相場の動きが激しいと、すぐにロスカットに遭うこともあるので気をつけたい。

シンプルな順張り売買手法
タートルブレイクアウト

ずばりポイント 過去20日の高値ブレイクを逆指値で売買、
過去10日の安値(高値)ブレイクで逆指値の手じまい!

タートルブレイクアウトのルール

❶ 新規売買のポイント

相場が20日間の高値(安値)をブレイクしたら買う(売る)。

買い!

❷ 決済するポイント

10日間の安値(高値)をブレイクしたら決済する。

決済!

❸ ロスカットのポイント

ロスカットになった場合の損失額をあらかじめ把握しておく。

ロスカット!

❹ 心構えのポイント

高くなったけどガマン…

下がったけどブレイクしていないからガマン…

ガマンガマン

相場が逆行したとき以外はポジションを維持する。

古典的な順張り売買手法

タートルブレイクアウトは、アメリカのカリスマトレーダー、リチャード・デニスとウィリアム・エックハートが教育した常勝投資軍団「タートルズ」による順張り売買手法です。「**ドンチャンルール**」と呼ばれる手法を一部修正したもので、**きわめてシンプルなトレード・ルール**であり、世界中のトレーダーが活用してきた手法です。

そのシステムは次のようになります。

………………………………………………

１：相場が過去 20 日間（20 本の足）の最高値（または最安値）を取ったら、新規に買う（または新規に売る）。

２：相場が自分のポジションに逆行して過去 10 期間（10 本の足）の最安値（または最高値）を取ったら、決済する。

３：ロスカットポイントは過去 10 期間の最安値または最高値だが、あらかじめロスカットになったときの損失額を把握しておく。

４：利益目標を置いてはいけない。利が乗ったポジションを手じまう唯一の方法は、相場が逆行したときだけである。

………………………………………………

非常にシンプルな売買手法ですが、実践売買で通用するのは、こういうシンプルなルールのものが多いのです。

トレンドに乗ったらトレンド系指標で決済

このシンプルなトレードルールの特徴は、トレンドが継続していて、**高値や安値を更新し続けている限りはポジションを保有し続ける**という**トレンドフォローのシステム**になっていることです。

しかし、この順張り売買は、**何回も同じようなダマシに遭うことが絶対に避けられません**。そのため、多くの人が9回の小さな負けを1回で取り戻せることを頭では理解していても、3回負けが先行してしまうと、この戦略を放棄してしまいます。

しかし、**ダマシが多ければ多いほど、大トレンドが発生する可能性は高まるの**です。この売買手法は、順張りとはどういうことかを最も簡単に理解する手本になるでしょう。

儲けのツボ！

ATR の動きを見てロスカットラインを決める

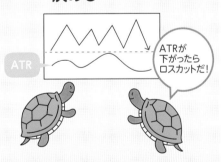

ATRが下がったらロスカットだ！

タートルズがロスカットラインを決めるのに使っていた指標は ATR。直近（14日）の ATR を観察しながら、現在の相場がどれくらいの値幅で動いているのかをチェックし、ロスカットラインを設定することが重要だ。

売買サインの信頼度を高めるためにはどうする？

ずばりポイント トレンド系とオシレーター系の両方のサインを見ることが大事！

タイプが異なる指標を組み合わせる

トレンド系指標とオシレーター系指標は、その時々の相場によってサインの信頼度（ダマシが出る頻度）が変わる。両方見て判断することが大事だ。

トレンド系指標	オシレーター系指標
トレンドの方向性および相場の勢いを判断するための指標。一般的に、順張りに適した指標といわれている。	「買われすぎ」、「売られすぎ」を示す指標。一般的に、相場の反転を狙う逆張りに適した指標といわれている。

- **移動平均線**（➡P96）
- **MACD**（➡P106）
- **一目均衡表**（➡P108）
- **標準偏差ボラティリティ**（➡P116）
- **DMI**（➡P118）
- **パラボリック**（➡P120）　など

- **RSI**（➡P126）
- **サイコロジカルライン**（➡P130）
- **ボリンジャーバンド**（➡P132）
- **移動平均乖離率**（➡P134）
- **エンベロープ**（➡P136）
- **ストキャスティクス**（➡P138）
- **ATR**（➡P140）　など

移動平均線（トレンド系）のダマシ

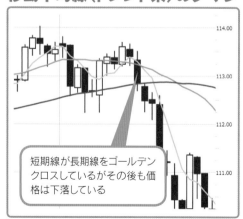

短期線が長期線をゴールデンクロスしているがその後も価格は下落している

RSI（オシレーター系）のダマシ

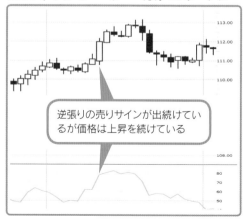

逆張りの売りサインが出続けているが価格は上昇を続けている

トレンド系とオシレーター系は真逆のサインを出す

トレンド発生のサインは**数が多いほど信頼度が高くなります**。ここからは、いくつかの指標を組み合わせて使う例を見てみましょう。

まずトレンドの方向性や強さを見る**トレンド系**と、買われすぎ、売られすぎを見る**オシレーター系**の組み合わせを考えてみます。そもそもこの2つは系統が違い、**同じ局面であってもそれぞれの指標がまったく逆のサインを出す**ことがあります。たとえば、価格が上昇し始めたときに、トレンド系指標がトレンド発生を察知して買いサインを出す一方、オシレーター系の指標が買われすぎと判断し、売りサインを出すといったケースです。

また、強いトレンドが出ているときも、トレンド系指標は順張りのサインを出し続けますが、オシレーター系の指標は、RSIやストキャスティクスなどが上限に張り付いてしまい、強い逆張りのサインを出し続けます。それぞれが逆のサインを出しているということは、どちらかはダマシです。つまり、**トレンド系とオシレーター系のどちらかしか見ていない場合は、ダマシのサインでエントリーしてしまう可能性がある**ということです。

トレンドに乗ったらトレンド系指標で決済

トレンド系とオシレーター系の組み合わせは、利益確定の決済にも役立ちます。たとえば、上昇トレンドに乗って利益が増えているとき、オシレーター系の指標の売りサインで決済してしまうと、そこからトレンド終了までの値幅を取り損ねてしまいます。しかし、移動平均線、MACD、ADXなどトレンド系の指標も見ておけば、トレンド系指標が売りサインを出すまで待つという選択肢ができ、トレンドに最後までついていくことができます。いつも使っている指標がトレンド系かオシレーター系に偏っている場合は、もう1つの系統からも使いやすそうな指標を選び、見方、使い方を覚えておきましょう。**ダマシを避けやすくなる**とともに、**トレンド相場と保ち合い相場の両方に対応できる**ようになります。

儲けのツボ！

過去チャートを検証することで売買サインの信頼度を理解できる

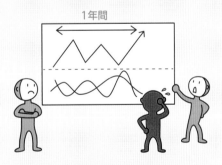

1年間

どの指標の売買サインが信頼できるのかについては、過去1年程度のチャートに指標を表示させて、検証してみるとよい。過去のチャートで出ていたサインを検証することで、どの指標の売買サインの信頼度が高いかの目安にすることができる。

【おもな指標：標準偏差ボラティリティ／ADX】

トレンドの発生を知るには
どんな指標を見ればいい？

ずばりポイント 標準偏差ボラティリティかADXで
トレンドの有無を判断！

2つの指標を見ることでトレンドを読み取る

標準偏差ボラティリティ（➡P116）とADX（➡P118）は、トレンドの発生や終了をわかりやすく示してくれる。どちらもトレンド発生時には数値が上がり、保ち合いに戻るときには数値が下がる。

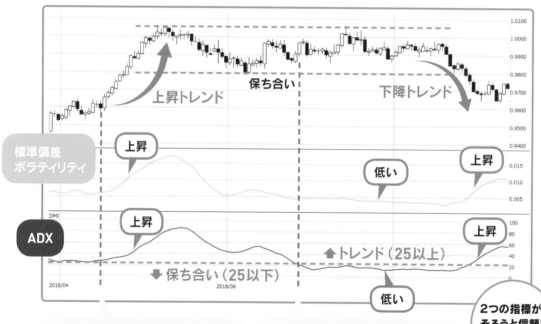

- ● 標準偏差ボラティリティが上昇を始める
- ● ADXの数値が25を上回る

→トレンドが発生した可能性

- ● 標準偏差ボラティリティが低い
- ● ADXの数値が25を下回る

→保ち合いに戻った可能性

2つの指標がそろうと信頼度アップ！

値動きの変化を見てトレンド発生を察知

今がトレンド相場かを見るには、**標準偏差ボラティリティ**（➡P116）か**ADX**（➡P118）を使うとよいでしょう。

標準偏差ボラティリティは、相場の値動きの大きさ（ボラティリティ）が過去と比べてどう変化しているかを表します。通常、トレンド中はボラティリティが大きくなります。そのため、**標準偏差ボラティリティが低い位置から上昇し始めたらトレンド発生のサイン**です。

ADXは買い手と売り手の力の差を表す指標で、標準偏差ボラティリティと同様、保ち合い相場からトレンド相場に移行するときに上昇し、トレンド相場から保ち合い相場に戻るときに下落します。

トレンドの初期から乗るためには、この2つの指標が、低い位置から上昇し始めるタイミングを狙うことが重要です。**いずれかの指標が上向き始めたときがトレンドフォロー（順張り）のチャンス**で、2つとも上向いていればさらに信頼度が高くなります。逆にいうと、この**2つの指標が上昇していないときは保ち合い相場の可能性が高い**ということです。保ち合い相場では、価格が移動平均線の近くに戻ろうとします。そのため、**買われすぎ、売られすぎの水準を見て**、逆張りする方が勝ちやすくなります。

各種指標が使えるツールを入手しよう

チャート分析のためのテクニカル指標は、利用している取引業者が提供している取引ツールで表示させます。ただし、たとえばADXが表示できるツールは多いのですが、標準偏差ボラティリティが表示できるツールは少ないなどといった難点があります。口座を持つ業者のツールで表示できない場合は、**MT4**をダウンロードして使うなどするとよいでしょう。

MT4は、各取引業者が提供しているツールと同様、PCやスマートフォンにダウンロードして使用します。無料で使えるFX取引用のソフトで、**数十種類の指標**を表示させることができ、もちろん、その中には標準偏差ボラティリティとADXも含まれます。

MT4のメリット・デメリット

MT4とは、世界中で多くのトレーダーに使用されている取引ツールのこと。MT4に対応しているFX会社で口座開設をすれば、無料でダウンロードできる。非常に高性能であり、上級者向けのイメージが強いが、自動売買のシステムもあって、手軽にFXを始めたいと思っている人にもおすすめだ。

 メリット
- 無料で利用できる
- 自動売買ができる
- 独自のテクニカル指標が作成できる
- プロトレーダーが作成した分析ツールを試すことができる

 デメリット
- システムに頼りすぎて運用テクニックが上達しない

トレンドの有無による エントリーのタイミング

ずばりポイント 標準偏差ボラティリティ（ひょうじゅんへんさ）とADXが両方とも上昇しているか確認！

トレンドの方向性がある相場とない相場

標準偏差ボラティリティとADXがどちらも上昇しているときは、相場に方向性があると考えられる。価格が上昇傾向ならば買い、下落傾向ならば売りでエントリーする順張りでのエントリーが基本戦略だ。

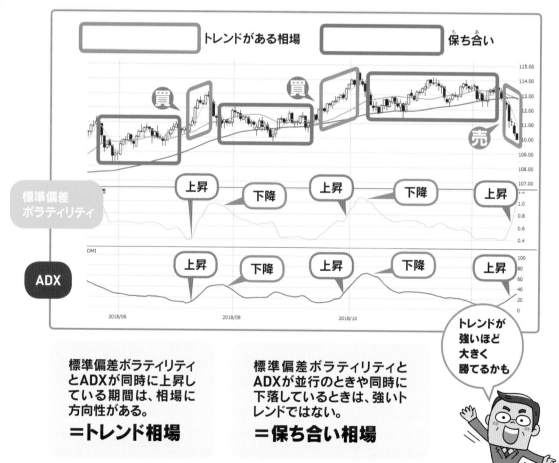

標準偏差ボラティリティとADXが同時に上昇している期間は、相場に方向性がある。
＝トレンド相場

標準偏差ボラティリティとADXが並行のときや同時に下落しているときは、強いトレンドではない。
＝保ち合い相場

トレンドが強いほど大きく勝てるかも

2つの指標でトレンドの有無を判定

　ＦＸのトレード手法は、大きく分けると2パターンしかありません。1つは、**トレンド相場のときに順張りでエントリーする**トレンドフォローのトレード、もう1つは**保ち合い相場のときに逆張りするトレード**です。いずれの場合も、まずは今の相場にトレンドがあるかどうか判定することが必要です。

　トレンドの有無は、**トレンドライン**（→ P50）を引いたり、**移動平均線**（→ P96）や**MACD**（→ P106）の角度を見たりすることによって判断できます。より信頼性を高めるために、**標準偏差ボラ**ティリティと**ADX**を2つ使って判断する方法がおすすめ（→ P154）です。

　判定方法はとても単純です。チャートに標準偏差ボラティリティとADXを表示させ、**両方とも上昇していればトレンドがある相場**です。この状態のときは順張りが基本戦略となるので、**価格が動いている方向にエントリー**します。

　一方、標準偏差ボラティリティとADXが、両方とも平行のとき、両方とも下落しているときは、**トレンドがない相場**です。この状態のときは**順張りのエントリーは見送る**のが無難です。

 ## 「エントリーしない」という選択肢もある

　標準偏差ボラティリティとADXが両方とも上昇するときは、順張りで勝てる可能性が高いときです。非常に強いトレンドがあるときで、大きく勝てる可能性も見込めます。ＦＸで勝つためには、このような機会をとらえることが大事です。つまり、**簡単に大きく勝てるタイミングを待つ**ことが大事だということです。

　逆にいうと、この2つがそろって上昇していないときは、トレンドが非常に弱いか、保ち合い相場の可能性が高いときです。トレンドが弱ければ順張りで勝てる可能性が小さくなります。保ち合い相場と想定して逆張りすることもできますが、値動きの方向性がないため勝率が下がります。そのため、**無理にエントリーしようとせず、ポジションをゼロにする**のも1つの手です。

儲けのツボ！

ボラティリティには高まりやすい時間帯がある？

アジアのAM	ロンドンのAM	ニューヨークのAM

日本時間
9:00〜12:00　　15:00〜18:00　21:00〜25:00

各国の為替市場は午前中に売買が活発に行われ、なかでもアジア、ロンドン、ニューヨークが午前中である時間帯にボラティリティが高まりやすい。トレンドが発生しやすい時間帯を意識してトレードを行おう。

順張りで勝つための エントリーポイントは？

ずばりポイント 強いトレンドが出ているときに ローソク足が±1σ（シグマ）の外に出たらエントリー！

まずはトレンド発生のサインをつかむ

日足チャート、標準偏差（ひょうじゅんへんさ）ボラティリティ、ADX、ボリンジャーバンドの4つを使って、勝つためのポジションを持つタイミングを探る。「もっと儲かるかも？」などと考えず、決めたルールに沿ってトレードすることが大切だ。

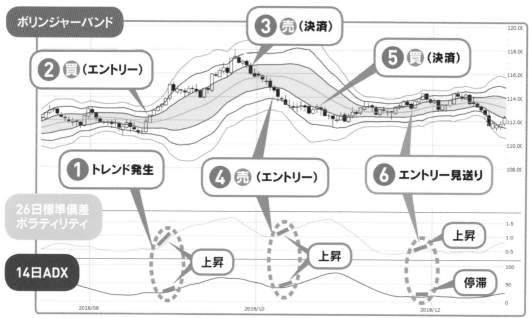

±1σを基準に売買するルール

① 標準偏差ボラティリティとADXが上昇し始めたら、トレンド発生のサイン。
② ローソク足が＋1σを越えたら買でエントリーする。
③ ローソク足が＋1σの内側に戻ったら決済する。
④ 標準偏差ボラティリティとADXが上昇し、ローソク足が－1σを越えたら売でエントリーする。
⑤ ローソク足が－1σの内側に戻ったら決済する。
⑥ ローソク足が＋1σを越えたが、標準偏差ボラティリティは上昇せず、ADXも低い数値で停滞しているときは、エントリーを見送る。

ローソク足と±1σだけで売買できる

順張りで勝つための条件は、**トレンドの有無を正しく判定する**ことと、強いトレンドがあるときを狙い、**勝ちやすいタイミングでエントリーする**ことです。

使用するのは、**日足チャート、標準偏差ボラティリティ、ADX、ボリンジャーバンド**です。これら4つを表示したら、まずは標準偏差ボラティリティとADXがそろって上昇するのを待ちます。**この2つが上昇し始めたら強いトレンドが出たサイン**ということなので、トレンドが出ている方にエントリーします。ここまでが1つ目のステップです。

次のステップは、エントリーのタイミングです。これはボリンジャーバンドを使って判断します。日足チャートの**ローソク足がボリンジャーバンドの±1σから飛び出すタイミングがエントリーポイント**です。注目する点はローソク足と±1σのみで済むので、非常に簡単です。

エグジット（損益確定）も簡単で、日足チャートの**ローソク足がボリンジャーバンドの±1σの内側に戻ってきたタイミングで決済**します。ローソク足が再び±1σの外に出た場合は再度エントリーを考えます。ただし、そのときに標準偏差ボラティリティとADXがそろって上昇していない場合は、高値買いまたは安値売りになる可能性があるため、エントリーを見送った方が無難です。

パラメーターはADXの14か標準偏差の26で

標準偏差ボラティリティとADXは、過去何本分のローソク足を計算するかによって数値が変わります。

チャート上に表示させたときの初期値は、**標準偏差ボラティリティが26本**（日足チャートの場合は日）、**ADXが14本**に設定されています。

この値（パラメーター）は特に変える必要はありません。**ほとんどのトレーダーが初期値を変えず、初期値で計算したサインを重視する**ため、結果として26本の標準偏差ボラティリティと14本のADXが出すサインが最も信頼度が高くなるからです。

儲けのツボ！

ブームに飛びついて指標を変えるのはNG

テクニカル分析にもブームがあり、トレンド相場になればトレンド系指標が、レンジ相場になればオシレーター系指標が流行る。しかし、その度に指標を変えていては相場の変化に気づくことはできない。使う指標は2〜3種類にとどめ、それらを毎日定点観測することが重要だ。

【おもな指標：ボリンジャーバンド】

1σの外側でエントリーする メリット、デメリットは？

ずばりポイント トレンド発生の瞬間は逃すが ダマシのサインを避けやすくなる！

±1σを用いた基本戦略の特徴

価格が±1σの内側にあるときはポジションを取らないという基本戦略は、トレンドに乗れる確率が高く、ダマシにあうことを避けることができる。一方で、±1σの内側ではエントリーしないので、トレンド発生の初期からトレンドに乗ることは難しい。

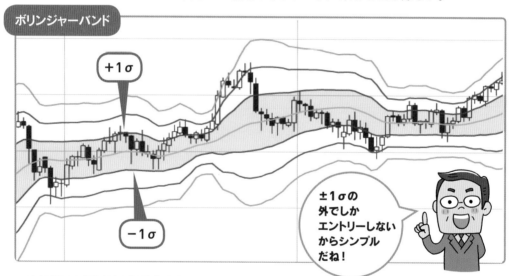

ボリンジャーバンド

+1σ

−1σ

±1σの外でしかエントリーしないからシンプルだね！

メリット	デメリット
●トレンド発生の信頼度が高い ●ダマシのサインを避けられる ●ルールがわかりやすく判断に迷わない	●トレンドに乗るタイミングが遅れる ●トレンド初期の利益を取りこぼす

移動平均線付近のダマシを回避できる

ボリンジャーバンドを使う順張りは、価格が±1σの外にあるときしかポジションを取りません。

保ち合い相場は価格が無秩序に動くため、ダマシのサインも増えます。トレンド発生につながらずにロスカットする回数も増え、ロスカットの損失もどんどん積み上がってしまいます。

その点、ボリンジャーバンドを使った順張りは、価格が±1σの外に出るのを待つため、**トレンド発生の信頼度が比較的高いエントリーに絞り込むことができ**ます。

±1σの内側で出るサインは無視することになりますが、同時に、**±1σの内側で出るダマシのサインも避けることができる**のです。

この方法のデメリットは、**トレンドに乗るタイミングが遅れる**ことです。順張りの売買は、トレンド発生の初期にエントリーすることで大きな利益を生みます。トレンドは保ち合い相場から生まれるものなので、仮に移動平均線付近からトレンドが発生すれば、ボリンジャーバンドの順張りは、そこから±1σを出るまでの値動きの利益は取れません。

 ## ルールがシンプルだから判断に迷わない

ボリンジャーバンドを使う順張りは、価格と±1σを見るだけで成立します。価格が**バンドの外に抜けたときがエントリーのタイミング、±1σの内側に戻ってきたときが決済**（利益確定またはロスカット）**のタイミング**と、非常にシンプルで、短期、長期を問わず使うことができます。ルールがシンプルですから、サイン（±1σと価格の交差）が出れば素

早く行動できます。早くトレンドに乗るほど大きな利益が得られるし、注文が遅れるとその間に損失が膨らむロスカットにおいても、素早く行動できることは大きなメリットです。**エントリーやロスカットのタイミングを逃さない**ように、±1σの近辺で**逆指値注文**（エントリーは±1σの外、ロスカットは±1σの内側）を出しておくこともできます。

±1σのルールを守れば
利益の取りこぼしを防げる

トレンド中にローソク足が±1σを大きく飛び出したときは、大きな利益が得られるチャンス。今の価格を数字やローソク足だけで見て値ごろ感で取引していると、利益を取りこぼしてしまうことがある。±1σのルールを守るだけで、利益の取りこぼしを防ぐことができる。

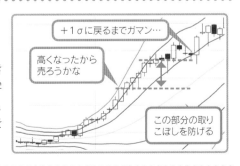

【おもな指標：ボリンジャーバンド】

トレンドフォローで生まれた 利益はいつ確定させる？

ずばりポイント トレンドとともに動いている1σ（シグマ）と ローソク足がぶつかったところで決済！

±1σだけ見る方法で十分に利益が取れる

バンドに角度がついているときは、±1σの売買ポイントも上下する。-1σでエントリー、-1σで決済（エントリーと決済のポイントが同じ）という方法で十分利益は出る。

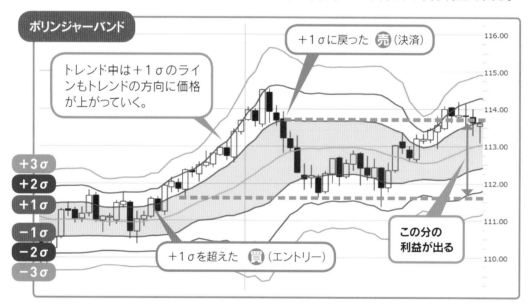

ボリンジャーバンド

+1σに戻った **売**（決済）

トレンド中は＋1σのラインもトレンドの方向に価格が上がっていく。

+1σを超えた **買**（エントリー）

この分の利益が出る

+3σ
+2σ
+1σ
−1σ
−2σ
−3σ

116.00
115.00
114.00
113.00
112.00
111.00
110.00

±1σ決済の 勘違いに注意

トレンドが発生すると、ローソク足と連動して±1σのラインも上下する。トレンドが終了し再び±1σとぶつかったときには、上がった（下がった）分だけ利益が得られると理解しておこう。

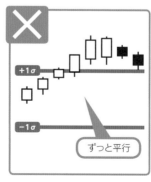

+1σ
−1σ
ずっと平行

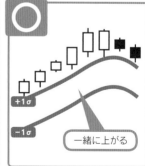

+1σ
−1σ
一緒に上がる

トレンドに合わせて±1σの角度も変わる

ボリンジャーバンドを使う順張りは、**利益確定の決済も±1σを目安にする**ことができます。ロスカットラインと利益確定のラインが、どちらも±1σで通用する理由は、**バンドの角度の変化**にあります。トレンドがないときのボリンジャーバンドはほぼ水平に推移します。価格が±1σを超えたタイミングでエントリーし、トレンドが発生せずにロスカットになったとしても、バンドが水平なら損失はほぼゼロか、少額に抑えられます。一方、**トレンドが出たときのバンドは、価格が動いている方向に沿って角**度がつきます。上昇トレンドであれば、上がっていく価格と連動しながら±1σも上向きになるので、決済するときの価格も上がっていくわけです。トレンドはいつか終わるため、いずれローソク足と±1σとぶつかって決済するタイミングが来ます。そのときは**エントリーしたときよりも価格が上がっているはず**ですから、しっかり利益が確保できます。つまり、エントリー時のロスカットと同じで、**±1σの内側に戻ってきたら決済という**ルールを徹底するだけで、利益確定も簡単に実行できるのです。

トレンド終了までポジションを維持しやすい

±1σで決済する売買には、**利益を最大化しやすい**というメリットもあります。

保ち合い相場だったときの感覚で見ると、トレンド相場の価格は「買われすぎ」「売られすぎ」と感じやすくなります。そのせいでトレンド終了のサインが出る前に決済してしまうこともあります。しかし、±1σに戻ってきたら決済すると決めておけば、**長くポジションを持ち続けることができます**。トレンドフォローで重要な損小利大の利大を実現しやすくなるのです。

トレンドの力が強いほど、ローソク足が±1σの外で推移する期間が長くなります。±2σを超えて推移することもあります。±1σだけ見ることにより、この期間にポジションを持ち、利益を増やせる可能性が大きくなるのです。

儲けのツボ！

高値安値をラインで結ぶ ZigZag なら相場をひと目で把握

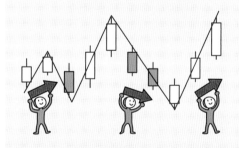

トレンドをつかむ際にもう1つ使ったほうがよいと思われるのは、ZigZag（ジグザグ）という指標だ。チャートの高値安値をラインで結ぶだけのシンプルな指標だが、それ故にトレンドが把握しやすく、相場の流れをひと目で把握できる。

【おもな指標：ボリンジャーバンド】

ロスカットラインは
どうやって決める？

ずばりポイント ボリンジャーバンドを使って1σ（シグマ）を目安にする！

売買のタイミングが明確にわかる

ボリンジャーバンドの1σを売買タイミングの基準とし、価格が「±1σの外に出たらエントリー」「±1σに戻ったら決済」とルールを決めておく。±1σがロスカットラインとなるので、損失が大きく膨らむのを防ぐことができる。

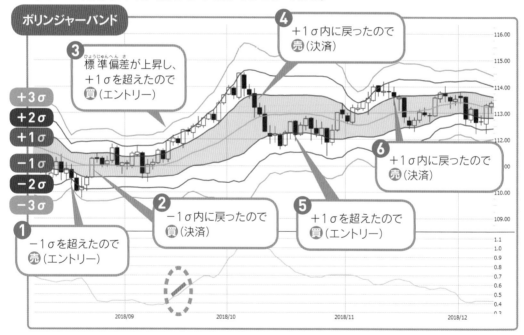

① ～ ②
トレンドは発生せずすぐに価格が戻ったが、−1σで決済したため損失が膨らまずに収まった。

③ ～ ④
ボリンジャーバンドの特性を生かし、うまくトレンドに乗って利益が出た。

⑤ ～ ⑥
トレンドが続かなかったが、+1σで決済したため損失が大きく膨らまずに収まった。

1σの外側と内側で相場を分ける

順張りのエントリーでは、**ボリンジャーバンド**（→P132）**を使ってロスカットラインを設定**することができます。

ボリンジャーバンドは、**一般的には逆張りのサインを見るため**のツールとして使われます。

価格は移動平均線の近くを推移することが多く、ボリンジャーバンドの±1σより外に出る確率は小さいため、**そのタイミングで逆張りすると勝ちやすくなる**というのが基本的な考え方です。

この特徴は、視点を変えることによって、順張りに生かすことができます。価格が±1σの外にほとんど出ないことが保ち合い相場の特徴だとすれば、**±1σより外で推移しているときはトレンドが出ている**とみなすことができます。つまり、ボリンジャーバンドは、**±1σを飛び出たタイミングで順張りでエントリーし**、**価格が±1σ内に戻ってきたらロスカットする**という方法でも使えるのです。

この方法であれば、ロスカットラインが明確になり、ロスカットによる損失も小さく抑えられます。±1σを基準として売買するため、保ち合い相場だったときの高値や安値にとらわれにくくなり、「高値で買う」「安値で売る」際の心理的負担も軽くなります。

 # 「いつか戻る」が損失を膨らませる原因

保ち合い相場からトレンド相場に変わらなければ、価格は自然と移動平均線の近くに戻ります。結果として、±1σを飛び出たところで買った（または売った）ポジションは損失になりますが、±1σの内側に戻ったところでロスカットすれば損失は小さく抑えられます。

重要なのは、この**ロスカットを徹底する**ことです。トレンドが発生しなかった以上、価格は移動平均線まで戻ります。戻る勢いが強ければ、移動平均線を超えていくこともあります。

このような状況で**ロスカットが遅れると、損失が大きく膨らみます**。「いつか戻るだろう」と考えず、**損失が浅く済む±1σでロスカットしておく**ことが非常に重要です。

ロスカットを迷うと どんどん損失が膨らむ！

トレンドが発生しない、または続かなかった場合、「すぐに戻るのでは」などと迷っている間に損失が大きく膨らむ恐れがあるので注意が必要。

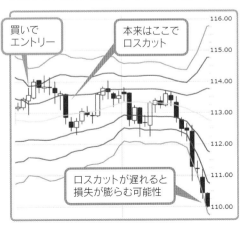

【おもな指標：ボリンジャーバンド／標準偏差ボラティリティ／ADX】

トレンド発生の**ダマシ**を
どうやって**回避する**？

**ずばり
ポイント**　トレンドの有無を判定する指標を使い、
ボリンジャーバンドの幅も確認する！

トレンド系指標と組み合わせてダマシを回避

ローソク足は、相場が不安定なときや短期的なリバウンド時に±1σ（シグマ）を超えることがある。その場合はトレンドが発生しないことが多く、ダマシのサインになるため、ほかの指標と組み合わせてトレンドの有無を見極める必要がある。

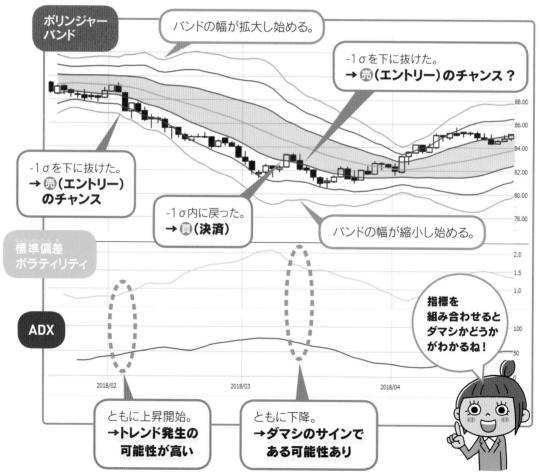

ボリンジャー
バンド

バンドの幅が拡大し始める。

-1σを下に抜けた。
→ **売**（エントリー）のチャンス？

-1σを下に抜けた。
→ **売**（エントリー）
のチャンス

-1σ内に戻った。
→ **買**（決済）

バンドの幅が縮小し始める。

88.00
86.00
84.00
82.00
80.00
78.00

標準偏差
ボラティリティ

指標を
組み合わせると
ダマシかどうか
がわかるね！

2.0
1.5
1.0

ADX

100
50

2018/02　　　　　2018/03　　　　　2018/04

ともに上昇開始。
→**トレンド発生の
可能性が高い**

ともに下降。
→**ダマシのサインで
ある可能性あり**

バンドの幅で値動きの変化を確認

ボリンジャーバンドの**順張り**は、価格が±１σの内側にあるとき（値動きの約68%）は保ち合い相場であり、±１σの外にあるとき（約32%）はトレンド相場とみなすという考えに基づいています。価格が±１σをブレイクしたところで順張りのエントリーをするのも、**±１σのブレイクをトレンド発生のサインとしてとらえているため**です。

ただし、その他の指標と同じように**ダマシ**があります。

この方法で発生するダマシは、**トレンドが出ていないときに価格が±１σの外に出る**ことです。

たとえば、相場が不安定なときなどは、トレンドが出ていない状態でも±１σを抜けることが増えます。

このようなダマシを避けるためには、**トレンドの有無を判定できる指標と組み合わせる**のがよいでしょう。**標準偏差ボラティリティ**（➡P116）と**ADX**（➡P118）がその代表的な指標です。

ボリンジャーバンドの幅も大事です。通常、**トレンドが出ると値動きの幅が大きくなり、その幅を計算するボリンジャーバンドの幅も拡大**します。トレンドが出ると、バンド全体も上下どちらかに向きやすくなります。このような状態のときは、±１σブレイクのエントリーで勝ちやすくなります。

2σまで待つとエントリーのチャンスが減る

ボリンジャーバンドでトレンドの有無を判断する方法として、±１σではなく**±２σの外に出るまで待つ方法**もあります。値動きが±１σ内に収まる確率が約68%であるのに対し、**±２σ内に収まる確率は約95%**です。±２σの外に出るケースは、上下どちらかのトレンドが発生している可能性が高いため、**ダマシも防ぎやすくなります**。ただし、非常にレアなケースなので、エントリーのチャンスは減ります。また、±２σの価格はそれまでの平均価格と比べて大きく乖離しているはずです。そのため、逆張りを狙う人が増えます。トレンドが続いたとしてもロング（買い）の上値（ショートは下値）が小さくなるため、**±１σでエ**ントリーするよりもチャンスが減り、リターンが小さくなる点に注意が必要です。

儲けのツボ！
ダマシが起こるしくみを考えよう

FXは、参加者同士の利益の奪い合いともいえ、勝つ人の裏には必ず負けている人がいる。たとえば、上昇トレンドサインが出て買いポジションが増えても、売りポジションで決済する人（＝負ける人）がいなければ、相場はそこまで伸びない。そのためトレンドが生まれず相場が逆行、つまりダマシとなることがある。こうした市場原理が、ダマシの起こるひとつの要因だと知ることも、トレーダーとして大切だ。

【おもな指標：ボリンジャーバンド／標準偏差ボラティリティ／ADX】

相場がトレンドから保ち合いに戻るタイミングは？

 **ずばりポイント** ボラティリティの変化でトレンド終了を察知し、決済する！

トレンド終了のサインを見て決済

標準偏差ボラティリティやADXは、トレンドが弱まると数値が下がる。

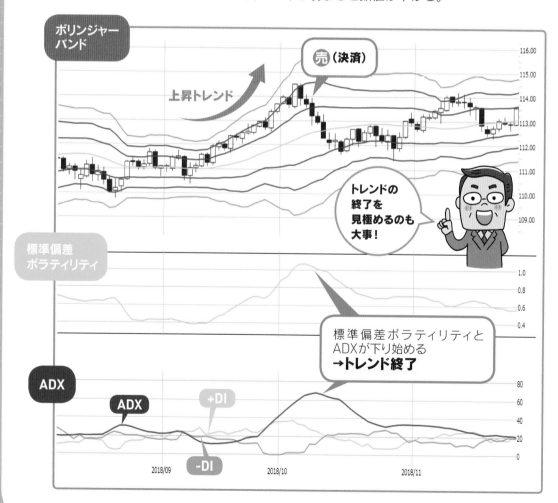

ボリンジャーバンド

売（決済）

上昇トレンド

トレンドの終了を見極めるのも大事！

標準偏差ボラティリティ

標準偏差ボラティリティとADXが下り始める
→トレンド終了

ADX

ADX

+DI

-DI

2018/09　　　2018/10　　　2018/11

トレンドの力が弱まってきたら決済を検討

標準偏差ボラティリティや **ADX** は、決済のタイミングをつかむ指標にもなります。注目したいのは、この2つ、またはどちらかの指標が**高い水準から下がってくるタイミング**です。

標準偏差ボラティリティが下がるということは、値動きの幅（ボラティリティ）**が小さくなっているということ**です。それまでの相場が上昇トレンドで、買い手の力が一方的に強かったとすれば、買い手の力が弱まったことを表すといえます。つまり**トレンド終了のサイン**となるわけです。

ADX は、買い手の力を表す +DI と、売り手の力を表す -DI の差を表します。トレンド相場は、買い手か売り手のどちらかが強い状態ですから、+DI と -DI の差である ADX も大きくなります。**この数値が小さくなるということは、買い手と売り手の力の差が小さくなっているということですので、トレンド終了のサイン**といえるのです。

トレンドが弱くなるほどトレンドフォローでポジションを持っている意味が薄れます。ボリンジャーバンドで確認し、**遅くとも価格が± 1 σ の内側に戻ってくるタイミングまでに決済するのがよい**でしょう。

トレンド終了なら逆張りもできる

標準偏差ボラティリティや ADX でトレンド終了のサインを確認したら、**順張りのポジションを決済するとともに、逆張りのエントリーを検討**するのも1つの方法です。

トレンド相場が終了して保ち合い相場になると、これまで上がり続けてきた価格は買われすぎ（下降トレンドだった場合は売られすぎ）になります。トレンドに乗ってきた人が利益確定で決済したり、新たに逆張りでエントリーする人が増え、**逆張りで勝てる可能性が大きくなります。**基本的な考え方は、標準偏差ボラティリティや ADX の上昇に合わせて順張りするのと逆で、この**2つの指標が下落するのに合わせて逆張り取引に切り替えるの**も1つのやり方です。

儲けのツボ！

段階的な手じまいの方法

一部 売

買

トレンドに乗って利益が出た後、トレンドの終わるタイミングが見極めづらいときは、ポジションの一部だけを手じまいするのも手だ。利益を確定しつつその後トレンドが再上昇すれば、残ったポジションで再び利益を増やすことができる。

【おもな指標：移動平均線】

トレンドを見るためには どの時間軸のチャートを見る？

 **ずばりポイント** **保有期間に合わせたチャートを使いつつ、長期のトレンドも確認する！**

長い時間軸で長期トレンドを確認

相場には長期的な大きなトレンドがある。デイトレードなど比較的短期で売買する場合は短期線を見てトレードするが、長期線で大きなトレンドを把握しておくことも大切だ。

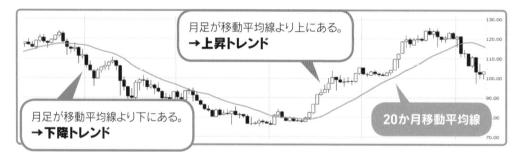

月足が移動平均線より上にある。
→上昇トレンド

月足が移動平均線より下にある。
→下降トレンド

20か月移動平均線

短期トレンドは長期トレンドの影響を受ける

短期と長期のトレンドが反対の場合、長期線が一時的な抵抗線になることもある。

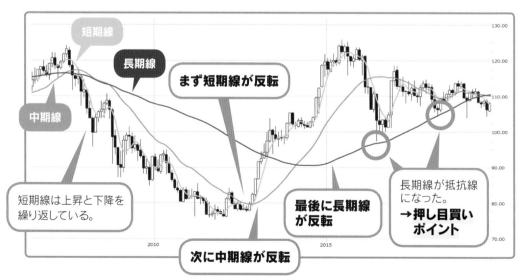

短期線

長期線

まず短期線が反転

中期線

短期線は上昇と下降を繰り返している。

最後に長期線が反転

次に中期線が反転

長期線が抵抗線になった。
→押し目買いポイント

長い時間軸のトレンドを踏まえる

トレンドの有無は、**どれくらいの時間軸でチャートを見るか**によって判断が変わります。たとえば、1時間足のチャートでADXがトレンド発生のサインを出していても、日足チャートのADXは保ち合い相場を示していることがあります。短期のチャートで上昇トレンドが発生している一方、長期のチャートでは下降トレンドが続いていることもあります。

相場には**長期的な大きなトレンドがあり、その中で短時間の上下を繰り返しています**。分足、時間足、日足といった比較的短期の時間軸でトレンド発生を確認した場合は、長い時間軸（週足、月足）も確認し、**目の前のトレンドが、大きなトレンドの中のどの位置で発生しているのか**確認するとよいでしょう。

たとえば、ドル円の長期トレンドを把握する方法として、月足と移動平均線（20か月）を見る方法があります。月足が移動平均線よりも上なら上昇トレンド、下なら下降トレンドと判断でき、月足チャートが上昇トレンドなら、短期で売買する場合もロング（買い）が有利です。月足で下降トレンドのときに買いポジションを取るなら、ロット（売買する量）を抑えたり1回あたりの保有期間を短くするといった対策ができます。

長期チャートの抵抗線も確認しよう

長期のトレンドは、短期のトレンドより動きが緩やかです。方向転換にも時間がかかるため、**短期のチャートではトレンドが変わったように見えても、長期のチャートでは変わっていないケース**があります。また、短期トレンドの値動きは長期トレンドの値動きに影響を受けます。そのため、長期と短期で逆のトレンドが発生した場合、**長期チャートの移動平均線やトレンドラインが、短期のトレンドの抵抗線になる**ことがあります。たとえば、日足で上昇中の価格が、月足の移動平均線で抑えられるといったケースです。短期の売買でも**長期チャートを確認**しておくと、抵抗線や支持線を把握しやすくなり、トレンド終了の予測や決済価格の目安が立てやすくなります。

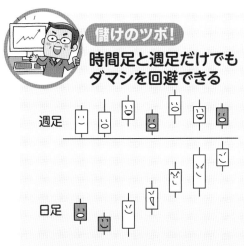

儲けのツボ！

時間足と週足だけでもダマシを回避できる

週足

日足

時間足でトレンド発生が見られたときは、週足も確認しよう。週足でトレンドが出ていないときに日足でトレンドが出ても、大相場にはなることほとんどなく、ダマシの可能性が高い。週足にもトレンドがでていれば、信頼度の高いサインとなる。

経済指標などのイベントは儲けるチャンス？リスク？

ずばりポイント 一時的に値動きが荒れることが多いので、いったん決済しておくのが無難！

イベント前後の荒い値動きに注意

雇用統計やFOMC（連邦公開市場委員会：アメリカの公開市場操作の方針を決定する委員会）の発表の前後は、相場が荒れやすい。思わぬ急騰、急落に巻き込まれないためにも、イベント前後はポジションを決済しておくのがよい。

【イベントの例】
- 雇用統計
- FOMC
- 日銀政策決定会合
- 米国GDP
- 米国小売売上高　　　　など

イベントの種類による対策

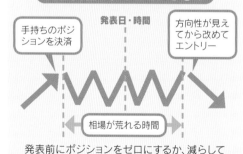

発表日程がわかっているもの

手持ちのポジションを決済

発表日・時間

方向性が見えてから改めてエントリー

相場が荒れる時間

発表前にポジションをゼロにするか、減らしておく。発表の日時などは事前に確認する。

発表日程がわからないもの

発表日・時間

手持ちのポジションを決済

方向性が見えてから改めてエントリー

相場が荒れる時間

突発的なニュースなどの発表で相場が荒れた場合は、ポジションを減らして様子見する。

リスク管理第一ならイベント前後は避ける

　相場に影響する重要な経済ニュースや経済指標などが発表されることによって相場環境が変わったときも、**トレンドが生まれるタイミング**です。

　ニュースや指標は「**イベント**」とも呼ばれ、**発表のタイミングがわかっているもの**と、**突然発表されるもの**に分けられます。発表のタイミングがわかっているものは、**雇用統計やFOMCなどによる政策金利の発表など**が代表的な例といえるでしょう。

　過去の経験から、これらは相場に大きく影響することがわかっています。一時的に値幅が大きくなり、値動きも無秩序になるため、指標などの発表から生まれるトレンドを狙うのであれば、発表直後の荒い値動きを避け、方向性がつかみやすくなる時期を待つほうが無難です。

　発表のタイミングが読めないものは、米大統領など**重要な人物の発言や戦争リスクなど**です。これらはさらに方向性が読みづらくなるので、ポジションを持っている場合はリスク管理として**いったん決済して様子を見る**とよいでしょう。

　また、相場を見ていないときやトレードできないときの突発的なニュースで大きく損しないように、**ロスカットの逆指値注文を出しておく**ことも重要です。

ロングとショートの両建てで様子見する方法も

　経済ニュースの発表などによって相場が急変したときは、仮にトレンドフォローで利益が出ていたとしても、**いったんポジションを決済してリスクを避ける**ようにしましょう。トレンドフォローが勝ちやすいのは、トレンドという大きな流れに乗るからです。そのため、相場の急変によってトレンドがなくなり、値動きが無秩序になった状態ではトレンドフォローの優位性がなくなってしまうのです。**含み益があるポジションを残したい場合は、決済せずに反対のポジションを持つ**こともできます。これを**両建て**といいます。たとえば、ロングで１ロット持っている場合は、ショートでも１ロット持ちます。すると、上下どちらに動いても損益の額が固定できます。

儲けのツボ！

両建てのトレードは「往復ビンタ」の危険性

要人発言のときは、発言の内容によって相場が急変することがある。そうすると、急激に値動きが上下し、ロング、ショートどちらもロスカットを食らう場合（いわゆる「往復ビンタ」）もある。要人発言の際の両建て（売りと買い両方のポジションを同時に持つこと）は避けよう。

石原順のトレード基本姿勢

　私は相場に迷ったとき、いつもポール・チューダー・ジョーンズ（➡P140）の言葉をかみしめています。以下は彼の相場金言です。

- 自分はうまいなどと思ってはいけない。その瞬間に破滅が待っている。
- ナンピンをしないこと。トレードがうまくいかないときは枚数を減らすこと。うまくいっているときには枚数を増やすこと。コントロールができないような局面では決してトレードしないこと。たとえば、私は重要な発表の前には多くの資金をリスクにさらすようなことはしない。それはトレードではなくギャンブルだからだ。
- もし損の出ているポジションを持っていて不快なら、答えは簡単だ。手じまうだけだ。いつでも相場に戻ってこられるのだから。新鮮な気持ちでスタートを切るのに勝るものはない。

　私が相場の世界とかかわって30年超の時間が経過しました。当時のファンドマネジャーやトレーダーの多くが、相場の世界から去っていきました。私がまだこの世界にいられるのも、運がよかっただけかもしれません。以下は私のトレードに対する基本姿勢です。

- 相場はタイミングがすべてである（相場観が当たっても儲からない）。
- 相場は確率に賭けるゲームである。
- 相場は防御（資産管理）の上になりたっている。
- 素早い意志決定のために売買手法は単純でなくてはいけない。
- 値ごろ感は持たない。　● 総資産の10％を失ったら相場を休む。
- 苦境に陥っても自分の決めたルールを守る。　● 相場に一喜一憂しない。
- 追い込まれてやる売買は必ず負ける。　● 常に楽観的であれ。
- 相場は明日もある。　● 信じられないくらい儲かったら相場をやめよう。

chapter **7**

チャート分析で勝つための心得

トレードをするうえで
最も大事なことは？

ずばりポイント 資金を守り、生き延びることが最重要。「休む」という選択肢もあることを知ろう！

勝ちやすいタイミングでトレードする

個人のトレーダーは苦手な相場を避けることができる。無理にエントリーしようとせずに、勝てる自信があるタイミングを選ぶことが重要。

【勝ちやすいタイミングの例】
● 自分の得意な売買サインが出た。
● 資金に余裕があって落ち着いた判断ができている。

「休むも相場」を心がける

取引がどうもうまくいかないと感じたときは、あえて取引を休むことも大事。ポジションを持たない期間をつくって頭をリフレッシュさせた方が、いい結果を生みやすい。

【休むべきタイミングの例】
● ダマシのサインが続いた。
● ボラティリティが少ない。
● ロスカットが連続した。

勝ちやすいときだけトレードすればよい

FXで重要なのは生き延びることです。投資資金を守ることが一番重要で、資金さえ残ればまた増やすことができます。この章では、そのためのポイント・心がまえを押さえていきます。

まずは、**勝てるとき、勝ちやすいときだけに絞ってトレードする**ことです。

相場の中心にいるプロのトレーダーたちは、自分が得意なトレード術が使いにくいときや、値動きが難しいときでもどうにかして利益をたたき出し、ノルマを超えなければなりません。一方、個人トレーダーにはそのようなミッションがありません。そのため、**勝てそうにない、**調子が悪い、難しそうと思ったときに休むことができ、利益がゼロだったとしても何の問題もありません。

たとえば、ボリンジャーバンドと標準偏差ボラティリティやADXを使ってトレードする場合、価格が1σの内側にあるときの値動きは読みづらくなります。そこで無理してポジションをとると、大きく損するリスクも高まります。

そういうときは、**思い切って休むことにしましょう。**「勝てるときにトレードすればよい」と気楽に構えておくことが、結果として勝率を上げ、勝ち額が増えることにつながることも多いのです。

ポジションゼロになると冷静になれる

「**休むも相場**」という相場の格言があります。これは、たとえば値動きが難しいと感じたときなどに、**いったんポジションをゼロにし、相場と距離をおく**ことの大切さを説く言葉です。

ロングまたはショートのポジションを持つと、つい自分に理想的な展開を期待してしまうものです。そのせいで**ロスカットが遅れたり、自分に都合が悪いサインを軽視してしまう**ことがあります（逆張りポジションを取ったときに順張りのエントリーサインを見逃すなど）。このようなミスは、ポジションをなくし、相場と冷静に向き合うことで防げます。相場には、ロングとショート以外に、**休む（ポジションを持たない）という選択肢もある**のです。

儲けのツボ！

「2%ルール」で資金管理を徹底する

2%でロスカット

資金管理の鉄則として多くのトレーダーが取り入れている「2%ルール」。たとえば証拠金が100万円の場合は2万円、50万円なら1万円以内に損失額を抑えられるようにロスカット幅を設定する。資金に対して2%であれば十分に取り戻せる額であり、精神的なダメージも少ない。

負けているときは
どうやって修正する？

ずばりポイント いったんポジションを決済し、使っている指標やサインを見直し！

ミスが続く原因を突き止める

売買判断のミスやロスカットが続くときは、使用している指標やエントリーした根拠などを改めて確認、検証する。

指標の読み間違いは冷静になって見直そう

おかしいな、上昇トレンドの押し目だと思ったのに…

あれ？　下降トレンドだと思ったのに…

2018/08

【確認の一例】

● トレンド発生のサインは出ていたか？
→ADXや標準偏差ボラティリティなどを使う

● エントリーのタイミングは正しいか？
→オシレーター系の指標で買われすぎ、売られすぎのときにエントリーしていなかったか確認　など

● 使っている指標が今の相場に合っているか？
→移動平均線の期間を変えてみるなど、指標のパラメーターの数値を見直す

指標やサインが有効かどうか確認

負けが続いたり、大きく負けたりしたときも、「休むも相場」（→ P176）に準じて、自分のトレードを見直すことが大切です。負けが続くということは、そのときに**見ている指標やサインなどが今の相場の値動きに合っていない**可能性があります。おそらく、同じやり方では負けが続き、損失がかさんでいきます。それを防ぐためには、**今使っている指標の有効性を検証する**必要があります。また、チャート上でトレンドや価格が反転したポイントなどを振り返りながら、**どの指標が売買のサインを出していたか確認する**ことも大事です。

トレードの手法は常に進化しており、その時々の相場の状態によって信頼度が変わります。より使いやすく、効果が期待できる手法を見つけるために、**いったん相場と距離を置き、自分のトレード方法を見直す**ことが大事です。

また、大きく負けると「取り返そう」という考えが働きやすくなり、ポジションを大きくしたり、勝率が低いところでエントリーしたりしてしまいます。そのようなときも、いったん相場から離れることで冷静さを取り戻せます。取り返すことよりも、**まずは大きく負けた原因をしっかり分析することが重要**です。

 ## 休むタイミングをルール化しておく

負ける回数や負け額をきっかけに休む場合は、**休むタイミングをルール化して**おくのも1つの方法です。休むタイミングとしては、**エントリーのサイン、ダマシのサインが続いたとき**や、**ロスカットが連続したとき**、**資金が大きく減ったとき**などが考えられるでしょう。

エントリーやダマシが続くときは、別の指標が使えるか検証してみます。エントリーのタイミングが間違っていれば、ロスカットも連続します。

資金が減ったときに休むのは、**資金の量によって取れるリスクの大きさが変わる**からです。資金が減るほど、資金を守る重要性が高くなります。1回あたりのロットを減らすなどして、リスクを抑えるようにしましょう。

儲けのツボ！

負けが続いたときはポジションを小さくする

取引量 小

取引量 大

大きな利益を狙ってポジションを大きく持つと、負けた場合の損失も大きくなる。損が続いたときは取引を縮小しよう。FXで大事なのは資金をゼロにしないこと。次に当たりが出るまでは取引量を減らし、レバレッジも1～3倍程度に抑えて、損失の拡大を食い止めよう。

勝ちにくい相場は
どんな相場？

ずばりポイント 価格がランダムに動く保ち合い相場は、勝率が上がりにくく、大きな負けを生む！

難しい相場は様子を見る

値動きが読みづらい保ち合い相場はロスカットの損失が積み重なりやすい。ボラティリティの大きいトレンド相場の方が、大きく儲かるチャンスといえる。

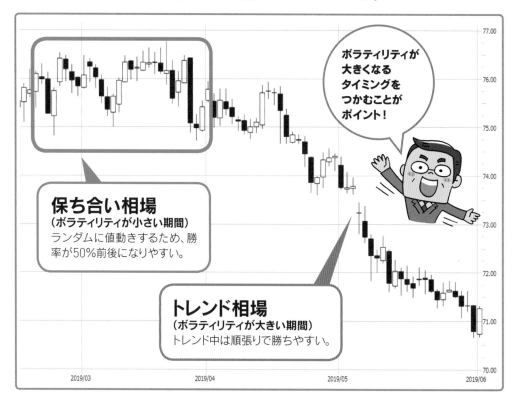

ボラティリティが
大きくなる
タイミングを
つかむことが
ポイント！

保ち合い相場
（ボラティリティが小さい期間）
ランダムに値動きするため、勝率が50％前後になりやすい。

トレンド相場
（ボラティリティが大きい期間）
トレンド中は順張りで勝ちやすい。

2019/03　　2019/04　　2019/05　　2019/06

77.00
76.00
75.00
74.00
73.00
72.00
71.00
70.00

勝ちにくい相場は
ボラティリティ小＞ボラティリティ大
といえる

ロスカットになりやすいエントリーを減らす

投資資金を守るためには、**エントリーのタイミングで慎重になること**が重要です。ＦＸの損失はエントリーと決済の仙格差ですから、エントリーが正しいほど損失も出にくくなるのです。

具体的な方法としては、まず**値動きが予測しづらく、価格がランダムに動いているときのトレードを避ける**ことです。保ち合い相場や、価格が移動平均線の近くを推移しているときなどがその状態に近いといえるでしょう。**価格がランダムに動くときの勝率は約50%**です。つまり、理論上はポジションを取っても取らなくても収支がゼロになり、ロスカット

が遅れて大きく損をすることもあることを考えると、そのような**難しい局面であえてリスクをとって、トレードに参加する必要性は低い**のです。

ただし、**ボラティリティ（価格変動の幅）が大きいときであれば、50%の確率で大きなリターンが得られます**。そのような相場であればあえてリスクをとって参加する意味があるかもしれません。たとえば、経済ニュースがきっかけで価格が大幅に下がり、あらゆるオシレーター系の指標が売られすぎを示しているときに、短期的な反発を狙って逆張りでロングポジションを取るようなケースです。

 ## 大きく勝てるときは、大きく負ける可能性もある

ボラティリティの大きさは、リスクの大きさといい換えてもよいでしょう。リスクというと危険をイメージする人が多いのですが、真の意味は**不確実性**です。ＦＸの場合、**価格がこれから上がるかもしれないし下がるかもしれない**のが不確実性です。経済学の考えでは、リスクとリターンの大きさは基本的に同じです。

つまり、**大きなリターンを狙うほど、大きなリスク**を取ることになります。資金が少ないときに大きなリターンを狙うと、リスクの取りすぎになることがあります。ポジションと逆行して資金を大きく減らさないためにも、リスクとリターンの大きさが同じであると認識しておくことが重要です。

儲けのツボ！
リスクを抑えつつ利益を上げる「ピラミッティング」

「ピラミッティング」とは、一度にすべての資金を投入せず、資金を小分けにして買い増すことでポジションを増やす取引手法だ。相場が予想通りに動いたことを確認して買い増し、予想と反対に動いたらすべてのポジションを決済する方法で、安全性が高いといわれている。

250買
500買
1000買

エントリーに失敗したときの
最適な対応策は？

ロスカットかナンピンが選択できるが、
ナンピンは資産を大きく減らすリスクあり！

ナンピンは取得単価が平均化されるがハイリスク

ナンピンとは、損が出ているポジションをさらに買い増したり、売り増したりする取引のこと。失敗すると大きな損失となるリスクをともなう。

例 **買いポジションのナンピン❶**

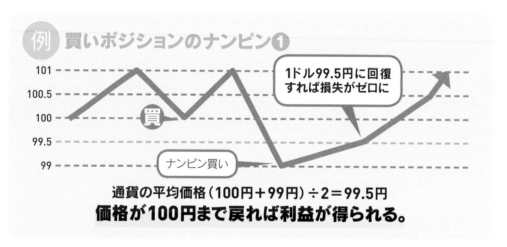

通貨の平均価格（100円＋99円）÷2＝99.5円
価格が100円まで戻れば利益が得られる。

例 **買いポジションのナンピン❷**

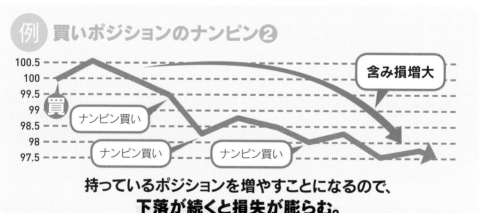

持っているポジションを増やすことになるので、
下落が続くと損失が膨らむ。

平均価格は下がるが難易度とリスクが大きい

資金を守り、生き延びるためには、いかに損失を小さく抑えるかが重要です。ロスカットはその代表的な方法といえます。ただし、**含み損が出ている状態で、あえてポジションを増やす方法**もあります。これを**ナンピン**といいます。たとえば、100円で買いポジションをとり、99円になって含み損が出ているときに、さらに買いポジションを増やすようなケースです。

ナンピンは**約定レートを平均化**し、損益分岐点を下げる（売りポジションの場合は上げる）効果があります。上記のケースであれば、99円に下がったときに100円のときと同じ量のポジション

をとることにより、平均約定レートが99.5円に下がります。価格が反発すれば99.5円で含み損が消え、100円まで戻れば利益が得られます。

注意しなければならないのは、ナンピンをすると、ポジションが増えるということです。仮に反発せずにさらに下がった場合、99円のポジションも損失を生みます。その結果、相場格言の「下手なナンピン、スカンピン」にある通り、スカンピン（資金がすっからかん）になる可能性もあります。ナンピンは、資金を守るという点から見ると、**リスクが大きいトレード方法**です。**まずはロスカットの徹底を優先**しましょう。

「損したくないからナンピン」は危険

ナンピンは、戦略的に使えば損失を抑えることができる方法です。しかし、一般的にはエントリーで失敗したポジションを補填するときに行う人が多く、そのせいで**損失が膨らむケースもあります**。

その根底には、**「損したくない」という心理**が働いています。行動経済学によると、人は本質的に「損したくない」と考えます。ロスカットは損を確定させることですので、その行為を避けたいと思うのです。また、失敗を認めたくない気持ちもあります。

ナンピンを考える場合は、今一度チャートや指標を見て、**本当に買い増し（売り増し）てよいのか確認する**ことが重要です。

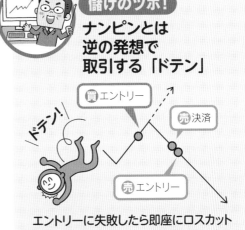

儲けのツボ！

ナンピンとは逆の発想で取引する「ドテン」

ドテン！

買 エントリー
売 決済
売 エントリー

エントリーに失敗したら即座にロスカットをし、逆のポジションにエントリーする取引手法が「ドテン」だ。急な相場転換で大きな利益となる可能性があるが、逆のエントリーをした途端にまた反転し、ロスカットを繰り返すリスクも。

値動きに一喜一憂しないために心がけておくことは？

ずばりポイント 感情に振り回されないように
チャートに集中し、淡々と売買する！

人の心理は「勝てない」ようにできている

人間の心理は、損をしやすくできている。投資の世界は、人間の心理だけでいえば、利益は小さく、損は大きくなるのが普通といえる。人間心理に打ち勝たなければ、相場で儲けることは困難である。感情に振り回されずチャートに集中することが大事だ。

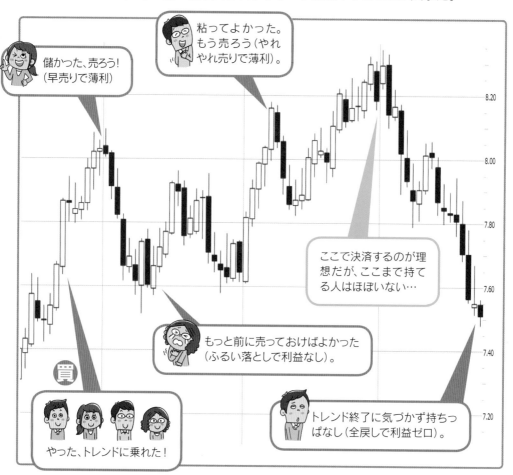

自分の感情をコントロールすることが大事

当たり前のことですが、相場をコントロールすることはできません。ただし、値動きの原因となっているトレードそのものは、人が行っているものです（最近は機械による取引も増えていますが）。つまり、**チャートは値動きを表すとともに、その背景にあるトレーダーたちの心理を表しています**。値動きからトレーダーの心理が読み取れれば、次の値動きも予想しやすくなるでしょう。

心理を読み取る際に押さえておきたいのは、**普通の人の心理は「利小損大」になるように働くことが多い**ということです。

たとえば、大きく勝てるトレンドに乗

れたとしても、含み益が消えることを恐れ、少し利益が出たところで決済してしまいます。逆に含み損が出たときは、損失の確定を避けるためにナンピンし、大きく損してしまいます。

資産を守り、生き延びるという点から見ると、**自分の心理をコントロールすること**が利小損大を損小利大に変えるポイントです。ポジションを取ったら、いったん自分の買値や売値は脇に置きましょう。**チャートと指標に集中して売買のタイミングをはかること**が、感情に振り回されず客観的にトレードする最も効果的な方法です。

 ## 急騰、急落の恐怖でチャンスを逃すこともある

相場はたまに、大きく荒れます。**セリングクライマックス**」（ → P34）はその一例で、ここでもトレーダーの心理が影響します。大きく下落すると、買い手は恐怖を感じて投げ売りします。すると下落が加速し、売りが売りを呼んでさらに大きな下落につながっていきます。この状態を**オーバーシュート**といいます。オーバーシュートは、簡単にいえば過熱している相場ですので、**逆張りのチャンスとなることが多い**はずです。ただし、急落中に買うのは難しく、「怖い」「危ない」という感情が働きます。つまりこれも心理の問題で、感情がチャンスを遠ざけてしまうのです。**急騰、急落時はオシレーター系指標に目を向けて**、チャンスを逃さないようにしましょう。

儲けのツボ！

逆張りなら「怖いとき」が狙い目

逆張りチャンス！

逆張りで大きく狙うなら、市場が恐怖でパニックになりそうなときのエントリーがチャンスになる。上昇、下落の幅が大きいほど、逆張りエントリーの利益となるリバウンドも大きくなりやすいためだ。

損小利大を実現するために最も重要なことは？

ずばりポイント 大きく勝つことより
小さく負けることが大事！

自分でコントロールできるのは損失だけ

利益がどこまで伸びるかはわからない。しかし、損失はロスカットラインを自分で決めることができる。

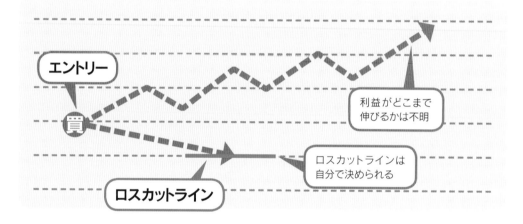

エントリー

買

利益がどこまで
伸びるかは不明

ロスカットラインは
自分で決められる

ロスカットライン

勝ち額や勝率ではなく「損」に注目する

勝つことばかりを考えるよりも、「損失の抑え方」を考えた方が利益は伸びる。

どうすれば
勝ち続け
られる
だろう？

たくさん
勝つには
どうすれば
いいだろう？

1回あたりの
損失を
コントロール
しよう！

ロスカットを
徹底して
資金を
守ろう！

投資家は損失のコントロールしかできない

資金を守るための基本は「損小利大」を実現することです。ＦＸは利益と損失の差で資金を増やしていきます。百戦錬磨のプロでも全戦全勝は不可能です。そのため、**いかに利益を伸ばし、いかに損失を抑えるかが重要**になるのです。

ただし、利益がどれだけ伸びるかはわかりません。大きなトレンドが発生すれば大きく利益を伸ばせますが、トレンドがすぐに消えることもあります。つまり**利益はコントロールできない**ということです。

一方、**損失はコントロールできます**。ロスカットラインを決めておけばよいか

らです。仮にロスカットラインを１万円とする場合、10回連続で負けてもマイナス10万円です。目をつぶってエントリーしても**50%の確率で当たることを考えれば、10回連続で負けることは珍しいといえますし、そのうち１回は大きなトレンドに乗れることもあります**。テクニカル分析の手法を磨き、エントリーのタイミングを吟味していけば、勝率も上がるはずです。ＦＸでトレードする人の多くが「どうやって利益を増やすか」を考えます。しかし、目を向けた方がよいのは損であり、**「どうやって損を抑えるか」を考えることが重要**なのです。

 ## ルールを作り、守り、見直し、改善する

冷静に淡々とロスカットするコツは、**自分なりの明確なルールを作る**ことです。同じことが、エントリーや決済についてもいえるでしょう。たとえば、ボリンジャーバンドと標準偏差(ひょうじゅんへんさ)ボラティリティを使ってトレードするなら、価格が１σ(シグマ)の外に出るまでエントリーしないと決めます。順張りでエントリーするなら逆張りはしないと決めたり、順張りと逆

張りを併用するなら、それぞれどういうときにエントリーするか決めておきます。このようなルールを作っておけば、ムダなエントリーやもったいない決済が減り、損小利大を実現しやすくなるでしょう。もちろん、ルールを作ったのなら、守らなければなりません。損小利大と追求するために、**時々ルールを見直し、改善することも大事**です。

 儲けのツボ！
損小利大のルールは勝率30%程度だと割り切る

多くのFXトレーダーは「利小損大」になりがち。それを「損小利大」に変えていくには、パーフェクトな勝率を目指すのではなく「勝率30%程度でいい」と割り切ってトレードをする必要がある。

INDEX 索引

監修者 **石原 順**（いしはら じゅん）

ファンドマネジャー（海外ファンド運用）。1987年より株式・債券・CB・ワラント等の金融商品のディーリング業務に従事、1994年よりファンド・オブ・ファンズのスキームで海外のヘッジファンドの運用に携わる。為替市場のトレンドの美しさに魅了され、日本において為替取引がまだヘッジ取引しか認められなかった時代からシカゴのIMM通貨先物市場に参入し活躍する。相場の周期および変動率を利用した独自のトレンド分析や海外情報ネットワークには定評がある。現在は数社の海外ファンドの運用を担当する現役ファンドマネージャーとして活躍中。ラジオNIKKEI「ザ・マネー」金曜日パーソナリティー、同「キラメキの発想」準レギュラー、同「楽天証券PRESENTS 先取り★マーケットレビュー」メインパーソナリティー。

デザイン	野口佳大、Rudy69、川嶋明也
イラスト	アキワシンヤ、浜畠かのう
画像提供	MARKET*SPEED* FX（楽天証券）
校正	ペーパーハウス
編集協力	丸山美紀（アート・サプライ）、伊達直太、大竹利実、志水照匡

最新 ゼロからわかる！FXチャートの基本と儲け方
売買シグナル早見表付き

2020年2月10日発行　第1版
2023年2月20日発行　第2版　第2刷

監修者	石原 順
発行者	若松和紀
発行所	株式会社 西東社
	〒113-0034　東京都文京区湯島2-3-13
	https://www.seitosha.co.jp/
	電話　03-5800-3120（代）

※本書に記載のない内容のご質問や著者等の連絡先につきましては、お答えできかねます。

ISBN 978-4-7916-2810-0